EL PODER DE UNA GUERRERA

Primero te di mis **SECRETOS**
y luego te VI **RENACER**, ahora
te mostraré todo el **PODER**
que **TIENES** dentro de **TI**

BELÉN DIÉGUEZ MORA

Nota a los lectores: Esta publicación tiene las opiniones e ideas de su autora. Su intención es ofrecer material útil e informativo sobre el tema tratado. Las estrategias señaladas en este libro pueden no ser apropiadas para todos los individuos y no se garantiza que produzca ningún resultado en particular. Este libro se vende bajo el supuesto de que ni la autora ni el editor, ni la imprenta se dedican a prestar asesoría o servicios profesionales, legales, correduría, psicología u otros. El lector debe consultar a un profesional capacitado antes de adoptar las sugerencias de este libro o sacar conclusiones de él. No se da ningún garantía respecto a la precisión o integridad de la información o referencias incluidas aquí, y tanto la autora como el editor y la imprenta y todas las partes implicadas en el diseño de portada y distribución, niegan específicamente cualquier responsabilidad por obligaciones, pérdidas o riesgos, personales o de otro tipo, en que se incurra como consecuencia, directa o indirecta, del uso y aplicación de cualquier contenido del libro.

Este libro no podrá ser reproducido, ni total ni parcialmente, sin el previo permiso escrito de la autora.
Todos los derechos reservados.

El poder de una guerrera
ISBN 978-84-09-02032-4

Primera edición: Mayo 2018
@Belén Diéguez Mora 2018
Autoedición y Diseño: Belén Diéguez Mora
guerreradecorazon@belendieguez.com

La publicación de esta obra puede estar sujeta a futuras correcciones y ampliaciones por parte de la autora, así como son de su responsabilidad las opiniones que en ella se exponen.
Quedan prohibidas, dentro de los límites establecidos por la ley y bajo las prevenciones legalmente previstas, la reproducción total o parcial de esta obra por cualquier medio o procedimiento, ya sea electrónico o mecánico, el tratamiento informático, el alquiler o cualquier forma de cesión de la obra sin autorización escrita de los titulares del copyright.

"En tu interior está tu grandeza, déjala salir, cuéntale al mundo de lo que eres capaz."

Anónimo

No acumules Karma

Por favor, respeta mi trabajo. No piratees.
Si tus amigos o familiares quieren conseguir mi libro, diles dónde comprarlo en mi Web.

CONTENIDO

Dedicatorias   9
Testimonios   11
Prefacio   13
Recuerda que eres una *guerrera de corazón*   15
¿Qué te vas a encontrar en este libro?   17

PRIMER FLECHAZO: 21
Herramientas Terapias Alternativas   25
   Reiki   25
   Meditación   33
   Visualización creativa   43
   Reflexología Podal   47
   Shonishin   51
   Homeopatía   57
   Flores de Bach   61
   Medicina Tradicional China   65
     Acupuntura   69
     Moxibustión   71
     Ventosas   75
     Fitoterapia   79
     Tuina   83
     Dietética   87

SEGUNDO FLECHAZO: 91

Otros Recursos   95

   H'oponopono   95

   La ley de atracción   103

   Risoterapia   109

   Clown   129

TERCER FLECHAZO: 133

¿Qué tiene el mundo para mí?   137

Da órdenes a tu cerebro   143

Activa tu poder interior de guerrera   147

Cómo multiplicar tu poder interior   149

El poder de los pensamientos   153º

Amor incondicional   155

Creer para ver   157

Ocho fortalezas de una guerrera   159

¿Miedo a qué?   163

CUARTO FLECHAZO: 167
¿Qué viene ahora? 171
Vale más un kilo de práctica 173
Diseña tu escenario ideal 177
Enriquece y crece 181
Abre el paraguas 183
Busca luz en tu ventana 185
Cuando una puerta se cierra, otra se abre 189
Lo que no puedas cambiar, déjalo estar 191
Te lo mereces 193
Llénate de ilusiones 195
No te rindas nunca 197
Hoy elijo ser feliz 199
Empezar de nuevo 203
El verdadero valor de las cosas 205
Diseña tu planificador 211
Cheque 213
Notas 215
¿Y ahora qué? 217
Círculo Guerrera de Corazón 221

Lain, La voz de tu alma 223

DEDICATORIAS

A todas las personas que están en mi vida y a las que se fueron; todas y cada una me han aportado su granito de arena.

A todas mis lectoras y guerreras que me dan la fuerza que necesito para continuar.

A mi familia, hijos y seres queridos, que siempre están cuando los necesito y enriquecen cada minuto de mi vida. Gracias por existir.

A mi mascota, que sigue siendo un ejemplo a seguir. Estoy segura de que es mi gran maestro.

A mi *family*, que son una gran bendición en mi vida y sin los que no hubiera sido posible este proyecto.

OS AMO, OS QUIERO, OS BENDIGO Y ESTOY DESEANDO CONTINUAR EN ESTE CAMINO JUNTOS

TESTIMONIOS

"Cuando a una vivencia, plasmada en palabras, se le da forma, significado y se le atribuyen herramientas útiles, el resultado es este tesoro accesible para todas. Muchas gracias, Belén, por contagiarnos tu fuerza, constancia, sentido del humor y sobre todo por tener siempre como objetivo ayudar a los demás."

CARDIMO, maestra

"Belén es una persona muy valiente y eso es algo muy importante para los propósitos y los logros. En esta trilogía *Secretos de una guerrera*, que culmina con este libro, ha superado una prueba personal muy grande y la felicito por ello."

ÁNGEL CABO, periodista

Cuando conocí a Belén estaba en un mal momento, pensando que mi vida era un desastre. Belén me ayudó a comprender que son etapas de la vida y que hay que seguir para adelante, que todas las tormentas pasan y que no hay que rendirse. Siempre te estaré agradecida.

MARISA SANTIAGO MORENO, ama de casa.

"Recién casada me quedé en estado y a los dos meses perdí a mi bebé. Al cabo de otros dos meses me volví a quedar embarazada de mi niña, pero de nuevo nada fue fácil.

Una noche en que sufría los dolores de un cólico al riñón oí llorar en mi interior a mi hija. Al día siguiente se lo conté a un familiar y me dijo que, al no guardar ese secreto, le había quitado su don. Son creencias, pero la verdad es que ya nació venciendo obstáculos con tres vueltas de cordón enrolladas al cuello.

Siempre ha sido una persona muy especial, siempre pensando en superarse y con muchas ganas de hacer cosas. Lo de escribir y publicar un libro llevaba mucho tiempo pensándolo y por fin lo ha conseguido.

Sabía que algún día esto tenía que llegar: con sus hijos se apaña estupendamente, sin dejar de trabajar, y siempre ilusionada con todos sus proyectos, sus terapias de reiki, acupuntura,… qué os voy a contar.

Te quiero, hija."

Belén Mora Sarabia

ORACIÓN DE LA GUERRERA DE CORAZÓN

ERES ÚNICA

A partir de este momento te vas a hablar todos los días para convertirte en la persona que has venido a ser. Repite esto varias veces al día.

Soy Guerrera de Corazón.

Consigo todo lo que me propongo.

Mis obstáculos son lanzaderas hacia mis sueños.

Me voy a dar el mejor trato del mundo.

Todo el mundo me trata como me merezco.

Toda mi energía la voy a invertir para trabajar en mi interior.

Voy a ser mi mejor yo.

Atraeré a mi lado a las personas que quiero tener.

Nunca, nunca voy a permitir que me hagan sentir inferior.

Soy capaz de conseguir todos mis propósitos.

Porque yo SOY UNA GUERRERA DE CORAZÓN.

CONTRATO

GUERRERA DE CORAZÓN

Yo, ...
desde hoy y en adelante tomo las riendas de mi vida, con dedicación completa a mi cuidado, bienestar y felicidad absoluta y me comprometo a:

1. Respetarme, cuidarme, valorarme y tratarme como me merezco, además de relacionarme exclusivamente con personas que me dispensen el mismo trato.

2. Establecer relaciones de pareja basadas en el amor, el respeto, la valoración mutua, la comunicación y, también, el disfrute.

3. Dedicarme a mi cuidado a nivel físico, mental, emocional, aprendiendo y creciendo continuamente.

4. Disfrutar mi nueva vida con intensidad, dedicada a ser mi mejor yo para atraer a las personas que quiero tener a mi lado.

5. Estar atenta para no volver a vivir ninguna relación dañina y apartarlas completamente de mi camino.

6. No aguantar faltas de respeto, ni la desvaloración.

7. No vivir más situaciones de vacío, ni indiferencia.

8. Utilizar toda mi energía en mis proyectos personales y en los que sirvan de ayuda a los demás.

9. Disfrutar de cada minuto de mi vida.

10. Aprender, formarme, crecer y trabajar sobre estos valores:

Lealtad	Sinceridad	Empatía
Autoestima	Respeto	Perdón
Justicia	Confianza	Felicidad
Compromiso	Amor	Humildad

En......................a.......de................de 20.......

Firmado

¿QUÉ TE VAS A ENCONTRAR EN ESTE LIBRO?

Querida guerrera, antes de compartir contigo todos mis recursos, quiero explicarte cómo y por qué surgió todo de esta manera, cómo fueron apareciendo en mi vida las técnicas de que voy a hablarte y por qué es el principio de todo lo que iba a suceder.

Pasaba malos momentos y sentía una imperiosa necesidad de aprender. Quería ocupar todo mi tiempo en algo que me hiciera sentir bien. Ahora estoy segura de que a tener esa claridad me ayudó haber estado prácticamente toda la vida trabajando en mi crecimiento personal.

TRABAJA EN APRENDER, CRECER Y FORMARTE

¿Por qué las terapias alternativas?

En uno de los mayores inviernos de mi vida, como los llama mi mentor, en una de mis peores situaciones, sola, embarazada de quince semanas y con una niña de cuatro años, apareció en mi vida la primera terapia: el Reiki.

Apareció de la mano de una amiga que, además, era compañera de trabajo. Ella estaba empezando, había hecho el I Nivel de esta terapia. Yo era super incrédula con todo este tipo de **técnicas, para mí las energías,** sus equilibrios, bloqueos o cosas así, eran algo de frikis.

Mi amiga me ofreció acompañarla a una meditación en un centro. Ese día iban a explicar en qué consistía el Reiki e incluso íbamos a poder disfrutar de un intercambio de esta terapia.

Era bastante reacia, pero en aquel momento hubiera sido capaz de agarrarme a un clavo ardiendo y menos mal que lo hice.

Era mi primera vez en un centro de este tipo, con inciensos, gente hablando de temas que a mí me sonaban a chino, en verdad, quería que acabara pronto y salir corriendo de allí.

En plena meditación me aguanté la risa, porque soy muy respetuosa, pero me hubiera desternillado, porque había alguien a mi lado roncando como si no hubiera un mañana.

Con la explicación de la terapia me quedé igual que estaba, pero... Algo que cambiaría mi vida para siempre sucedió después, en el momento del intercambio.

Varias personas querían darnos Reiki **a mi bebé** y a mí, hablaban de quién tendría el honor de aplicarnos Reiki a los dos. Acostumbrada a recibir indiferencia en mi relación de pareja y a que me ninguneran, ese detalle me hizo sentir importante.

Estaba aprendiendo un concepto fundamental: EL AMOR INCONDICIONAL.

Tumbada en la camilla lo primero que pregunté es si aquello era bueno para los dos, sobre todo para mi bebé. Me tranquilizaba ver que entre ellos iban comentando la energía que desprendía ese ser maravilloso que en breve vendría a la vida, hablaban de la increíble luz que desprendía y la fuerza que tenía.

En aquel momento, llegué a pensar que, puesto que atravesaba momentos de debilidad, había ido a caer en las manos de una especie de secta.

Te suena familiar, ¿verdad?

Sé que muchas de vosotras habréis pensado algo parecido, quizá no tan exagerado, pero es que yo era muy escéptica en aquella época. Sólo creía en lo que podía tocar y ver.

Otra lección aprendida: APRENDE A CREER PARA VER.

Cuando le conté a mi amiga todas las sensaciones que había experimentado, ella no podía parar de reír. Yo misma me divierto mucho ahora con aquellos pensamientos y déjame que vuelva a recordarte esto: EL PODER DE LOS PENSAMIENTOS.

Mi amiga me dio la posibilidad de mandarme Reiki a distancia cada noche. Estaba empezando y le hacía mucha ilusión. Y así empezó a hacerlo todas las noches y, sorprendentemente, cuando no lo hacía lo notaba. ¿Me estaré convirtiendo?, pensaba para mí.

Una mañana, en la cocina del trabajo mientras nos preparábamos nuestro café matutino juntas, le reprendí cariñosamente:

-Esta noche no me has mandado Reiki, ¿te has olvidado de mí?

Estalló en una carcajada y me dijo:

-¿En serio que lo has notado?

-Claro. Pero además no es la primera vez.

Risas por parte de las dos.

Lo que te quiero decir con esto es que no hace falta creer previamente en ninguna técnica de las que te voy a comentar a continuación porque funcionan creas en este tipo de terapias o no. Date la oportunidad de probar sus beneficios.

TRABAJA EN TU INTERIOR
TRABAJA EN TU CRECIMIENTO PERSONAL
LA RECOMPENSA ES SORPRENDENTE

Belén Diéguez Mora

Y como dice mi mentor:

      NO TE LO CREAS, COMPRUÉBALO

PRIMER FLECHAZO

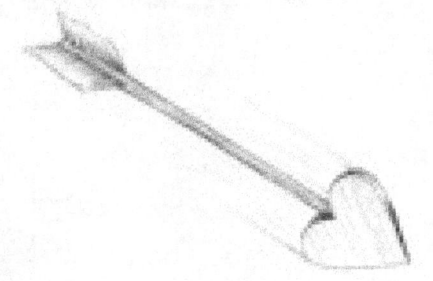

ORACIÓN DE LA GUERRERA DE CORAZÓN

ERES ÚNICA

Soy Guerrera de Corazón.

Consigo todo lo que me propongo.

Mis obstáculos son lanzaderas hacia mis sueños.

Me voy a dar el mejor trato del mundo.

Todo el mundo me trata como me merezco.

Toda mi energía la voy a invertir para trabajar en mi interior.

Voy a ser mi mejor yo.

Atraeré a mi lado a las personas que quiero tener.

Nunca, nunca voy a permitir que me hagan sentir inferior.

Soy capaz de conseguir todos mis propósitos.

Porque yo SOY UNA GUERRERA DE CORAZÓN.

HERRAMIENTAS TERAPIAS ALTERNATIVAS

"Conozca todas las teorías. Domine todas las técnicas, pero al tocar un alma humana sea apenas otra alma humana."

CARL G. JUNG

REIKI

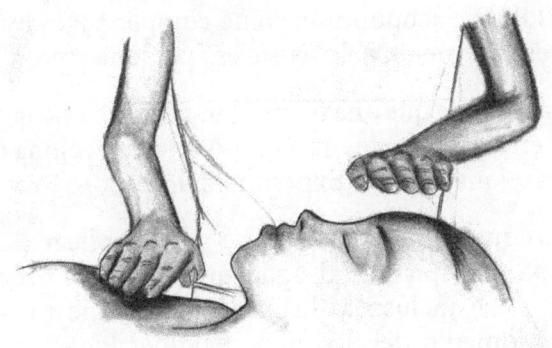

Como te he comentado, me adentré en las terapias alternativas a través de esta maravillosa técnica.

Piensa qué sensaciones te transmite sólo el hecho de mirar esta imagen. Es un placer recibir una sesión de Reiki. Si no lo has hecho ya, hazlo cuanto antes, tienes que probar.

Para mí, aparte de ser una forma de canalizar la energía del Universo (de la divinidad, de un Dios, como lo quieras llamar), es una manera de entregar amor incondicional desde tu interior, un amor hacia otra persona que también se puede dar a cualquier ser vivo o planta.

Desde mi forma de sentirlo, es algo que llevamos innato en nuestro ser y verás por qué te lo digo.

¿Te has llevado alguna vez las manos a la zona donde te estaba doliendo algo? ¿A que ahora te recuerdas con la mano apoyada en la barbilla aquel día que te dolía una muela, o con la mano en la barriga cuando tuviste aquel dolor de estómago? ¿Y aquella caída de tu hijo que con lágrimas en los ojos te pedía alivio para su dolor? Pues sin darte cuenta estabas aplicando el fundamento del Reiki.

Es una terapia de gran sensibilidad. A las personas que acuden a una consulta de acupuntura, como complemento les aplico el Reiki. En ese momento sólo existe esa persona y yo.

Parece una tontería que una terapia tan simple como ir poniendo las manos en ciertas partes del cuerpo de otra persona provoque tantas sensaciones juntas. Experiméntalo.

Añado a lo que ya he dicho que se puede aplicar a cualquier ser vivo, animal, planta, al agua que te vas a beber, a una circunstancia, e incluso a distancia (como fue mi caso), en cualquier momento del día y en cualquier lugar, así como al presente, al pasado y al futuro.

Querida guerrera, entiendo perfectamente que si no conoces la técnica estés ahora mismo ojiplática. Así empecé yo.

En medio de mi escepticismo de entonces, recuerdo todavía como si fuera ayer, el día que me llamó mi amiga, por la que conocí esta terapia, y me dijo que le había pasado algo increíble: de manera espontánea estaba canalizando energía a raudales para mí bebe y para mí. Me recorrió un escalofrío de arriba abajo y experimenté un montón de sensaciones. En aquel momento ya había empezado a notar cuando mi amiga se olvidaba mandarme el Reiki por la noche, ¿recuerdas?

Desde ese momento hasta ahora, como Maestra de Reiki he vivido momentos espectaculares.

En el centro donde me formé como terapeuta de Reiki, hay maestros que además de los tres niveles y la maestría, imparten también este curso de terapeuta que en mi caso duró seis meses.

Allí conocí a mi maestra de Reiki, Raquel Rico. La forma en que la conocí y se convirtió en mi maestra es espectacular y te lo quiero contar. Verás que cuando empiezas en este mundo de las terapias alternativas empiezan a suceder cosas maravillosas.

En aquel curso, Raquel y yo compartimos una dinámica. Para mí era muy difícil realizarla, porque en aquel momento prefería mantener las distancias con las personas con las que no tenía mucho trato.

Raquel fue un gran descubrimiento, se dejó llevar por lo que le dictaba su interior y a mí me dejó alucinada. No me podía creer el rollo que me estaba soltando con esa frescura y gracia que la caracteriza. Ahí descubrí el gran corazón de esta mujer.

Pasados unos años ocurrió esto otro.

Estaba de vacaciones con mis niños en Torredelmar (Málaga) pasando unos días extraordinarios. Eran nuestras primeras vacaciones los tres solos y nunca pude imaginar las experiencias tan maravillosas que íbamos a vivir juntos.

Cuando decides ser agradecida y disfrutar de todos los instantes de tu vida para llevarlos a tu *Colección de momentos* empiezan a ocurrir situaciones mágicas.

Teníamos unas vistas increíbles, que todavía recuerdo con placer, así que lo primero que hicimos al llegar fue soltar las maletas y salir disparados a la terraza. Poder disfrutar de esas vistas durante diecisiete días fue una gran forma de empezar nuestra nueva vida. *Querida guerrera*, te puedo decir sin lugar a dudas que fue nuestro "verano azul".

Estas vacaciones inundan mis recuerdos continuamente: vivimos experiencias maravillosas, recorrimos todos los rincones tanto a pie como en bici, disfrutamos de picnics nocturnos a la orilla del mar, de divertidas tirolinas y de un montón de lugares y rincones espectaculares de la provincia de Málaga.

Como broche de oro a esos momentos, a los pocos días de estar allí, con todos los cachivaches de la playa en la mano, vi esa figura rubia inconfundible, la figura de Raquel Rico.

Su madre vivía en el portal de enfrente y ella había ido a verla. Te puedes imaginar: besos, abrazos, gestos de sorpresa.

Preparamos todos juntos nuestro picnic nocturno a orillas del mar y fue una velada increíble que todavía me eriza la piel. Fue nuestro *encuentro* y así se convirtió de una forma especial y mágica en mi maestra de Reiki.

Llevaba años queriendo dar ese paso, postergando el momento, y la vida me tenía preparado el momento perfecto y la persona ideal.

Para mí ha sido un gran momento de transformación. Qué momentos vividos con ella, qué gran aprendizaje, qué gran maestra de la vida. Raquel Rico, iluminas la vida de todas las personas con las que tienes contacto, te quiero.

Querida guerrera, hay muchísima información por todas partes y en especial en internet sobre cada una de las terapias de que te hablo, aquí solo te quiero dar algunas pinceladas y sobre todo contarte los motivos por los que me enamoré de ellas. Contarte cómo me han ayudado en mi proceso de crecimiento personal y que veas que también te pueden ayudar en el tuyo.

¿Qué es Reiki?

Mikao Usui redescubrió esta técnica de sanación milenaria en 1922. Reiki es una palabra japonesa que significa energía vital universal y hace referencia a una técnica de sanación por imposición de manos.

Cada vez se está implantando más el Reiki al tratarse de una técnica sencilla, efectiva y poderosa. Es eficaz en el tratamiento de problemas de salud tanto a nivel físico como emocional y mental.

La OMS ha reconocido la práctica de Reiki como una terapia complementaria. Existe ya en hospitales y centros de salud en países como Japón, Inglaterra y Estados Unidos. En España se utiliza cada vez en más hospitales como el Hospital Mataró (Barcelona), el 12 de Octubre, La Princesa o el Ramón y Cajal (los tres últimos en Madrid), y muchos más, para complementar tratamientos tanto oncológicos como inmunosupresores. Además, ayuda a eliminar el estrés y la ansiedad ocasionada por nuestra forma de vivir y es una valiosa herramienta para alcanzar paz, relajación y armonía y, por consiguiente, para recuperar la salud y mejorarla.

Mediante esta técnica se canaliza la energía. Se aplica con las manos en el cuerpo (propio o ajeno) para proporcionarle más energía y acelerar su proceso natural de sanación. Cuenta con unos principios que hablan por sí solos.

Principios de Reiki

¿Para quién está indicado el Reiki?

Cualquier persona lo puede practicar y recibir, incluidos los niños, ancianos y enfermos; no existe límite de edad, ni creencias. Es una energía inofensiva sin efectos secundarios ni contraindicaciones, compatible con cualquier tipo de tratamiento o terapia.

¿Cómo se aplica un tratamiento de Reiki?

El Reiki se puede aplicar al paciente estando tumbado, sentado e incluso a distancia. El terapeuta actúa por imposición de manos sobre el paciente en determinadas posiciones sin manipulación de ningún tipo y sin invadir en ningún momento su intimidad. Además, el terapeuta puede poner sus manos en puntos determinados a petición del paciente, si acude por algún dolor en concreto.

¿Cuánto dura una sesión de Reiki?

Las sesiones pueden durar entre 40 minutos y una hora, dependiendo de las necesidades de la persona. Un tratamiento de Reiki consta de cuatro sesiones, dejando transcurrir entre una y otra una semana. El número de sesiones depende mucho de la persona y de su enfermedad o dolencia y es al final de cada tratamiento cuando la persona que lo recibe valora el progreso y decide la continuidad o no del mismo.

Estudios sobre Reiki

Hay muchos estudios sobre sus beneficios. Si quieres ampliar información puedes visitar la web www.pubmed.com

> "La misión del método Usui de Sanación Energética Espiritual es guiar hacia una vida apacible y placentera, sanar a otros y aumentar tanto nuestra felicidad como la de los demás."
>
> Mikao Usui

MEDITACIÓN

¿Has probado alguna vez a cerrar los ojos y centrarte en la respiración? ¿O sentarte con los ojos cerrados y escuchar música suave de fondo? Cuando entras en este estado de tranquilidad y te haces dueño de tu mente disfrutas del placer de la tranquilidad, de la calma y del bienestar. Deberían enseñar en todos los colegios y a una edad temprana esta técnica de meditación. El paso definitivo en mi caso fue que asistí a un Congreso de Reiki y me ofrecieron la posibilidad de convertirme en Monitor de Meditación y no pude resistirme.

Puedo entender perfectamente que te cueste, que sientas resistencia, que no encuentres tiempo o concentración porque al segundo dos ya estás pensando en las lentejas que vas a cocinar o en que tienes que comprarle un baby al niño. Lo he vivido en primera persona y he visto qué les ha aportado a las personas a quienes he inculcado este maravilloso hábito. Confía.

Sí, sin duda te recomiendo completamente la meditación en tu vida. Hace bastantes años que la practico y cada vez me gusta más.

Si la introduces de una manera sencilla como un hábito vas a poder practicarla incluso con tus hijos, en familia o con amigos.

No hace falta que saques cuarenta minutos diarios de tu apretada agenda y te pongas una túnica y la postura de loto. De hecho mi primera recomendación siempre es que hagas de tu día a día una meditación. Más adelante te digo cómo.

Esta práctica que no es nada más ni nada menos que "estar en el presente" o en el "aquí y ahora", algo tan de moda que de tanto escucharlo ya hacemos oídos sordos.

Vamos a empezar con esta forma de meditar y, más adelante, te iré enseñando formas de entrar en estado meditativo, técnicas y trucos.

Cuando hablamos de meditar es imprescindible hablar de respiración, es necesario escucharla y saber cómo es este proceso.

Si sientes tu respiración estás en contacto con quien realmente eres. Con la respiración diriges la atención al cuerpo y apagas la mente. La respiración es un acto físico, por eso, ser consciente de cómo respiras es necesario para sentir tu cuerpo.

Es muy importante conocer el proceso de respiración, tanto las partes del cuerpo implicadas como el funcionamiento de nuestro sistema respiratorio. Ahora profundizamos un poquito más en el tema de la meditación.

Es tan sencillo y elemental como estar centrado en el momento actual.

Hace un tiempo ponían en la tele un anuncio que a mi hijo

le llamó mucho la atención porque decía algo así: "Cuando duermas, duerme, cuando conduzcas, conduce, y cuando juegues, juega". Mi hijo decía: "¡Qué tontería, mami!, pues claro, cuando duermes, duermes y cuando juegas, juegas, ¿Qué vas a hacer si no? No vas a estar en dos sitios a la vez. Interesante respuesta de un niño de ocho años. Con frecuencia estamos en varios sitios a la vez y es un error.

Una cosa tan elemental y básica la mayoría de las veces nos cuesta ponerla en práctica: cuando leemos estamos pensando en lo que nos vamos a hacer de comer, cuando hacemos la cena estamos pensando en qué nos vamos a poner de ropa al día siguiente.

Te propongo que a partir de ahora estés *presente* en todo momento. Si estás abrochándote unos cordones sé consciente de todos los movimientos que realizas en la lazada, los roces, la textura del cordón. Si estás delante del espejo peinándote, sé consciente del tacto de tu pelo, del olor que desprende, del contacto del cepillo.

Así tarea a tarea, y verás cómo con un poco de interés por centrarte en lo que estás haciendo consigues hacerlo de forma automática, sin pensar.

Según vayas trabajando esta técnica verás que lo vas haciendo de manera natural y empezarás a percibir los múltiples beneficios de esta nueva manera de trabajar la mente.

La base de la meditación: Sentir tu respiración

Realmente estar centrado en tu respiración ya es un acto de meditación en sí mismo. Es la forma de desconectar tu mente y centrarte en tu cuerpo. La mejor forma de entrar en estado meditativo.

Ante cualquier situación que te genere malestar o estrés, es una excelente manera de salir de ese estado, simplemente siendo consciente de tu respiración.

Es ideal porque te permite hacerlo en cualquier momento, en cualquier situación y te genera una agradable sensación de paz.

1. Escucha tu respiración

Busca un sitio tranquilo, colócate en una posición cómoda, da lo mismo si estás sentada, tumbada; como quieras.

Cierra los ojos y empieza a ser consciente de tu respiración, sentir cómo entra y sale el aire y cómo se mueve tu cuerpo durante este proceso. Permanece unos dos minutos siendo consciente de tu respiración.

Verás qué sensación de paz y tranquilidad te produce.

Es un acto tan básico, tan que viene de fábrica que no somos conscientes de los múltiples beneficios que nos proporciona y éste es uno de ellos.

Una vez que has estado un par de minutos así pasamos a la siguiente parte.

No tengamos prisa. Lo primero es saber cómo respiramos.

Te recomiendo repasar el funcionamiento de nuestro sistema respiratorio, las partes que lo componen y el proceso de respiración en sí. Seguro que lo sabes, pero es bueno refrescar ideas.

Vamos a poner en práctica las dos partes de la respiración:

SENTIR TU INSPIRACIÓN:

* Sentir las sensaciones del aire entrando y saliendo de tu cuerpo.

* Ser consciente de los músculos, órganos y partes de tu cuerpo que utilizas para introducir el aire en tu cuerpo.

SENTIR TU ESPIRACIÓN:

* Ser consciente de los músculos, órganos y partes de tu cuerpo que utilizas para expulsar el aire hacia el exterior.

* Sentir de qué forma se relajan las partes de tu cuerpo cuando expulsas el aire.

Meditemos

La meditación es un proceso que ocurre en nuestra mente. A través de la meditación calmamos nuestra cháchara mental, consiguiendo un estado de calma que nos permite nuevas perspectivas de la realidad además de conectar con nuestro interior.

Se genera un silencio consciente que nos permite observar lo que ocurre tanto a nuestro alrededor como en nuestro interior y esto te lleva a un estado de felicidad, calma y armonía.

Hay muchos tipos de meditación pero lo importante es conseguir aquietar la mente.

La meditación es una práctica ancestral y a disposición de cualquier persona que quiera practicarla. La meditación regular te puede cambiar la vida.

Como sabes, meditar ofrece innumerables beneficios para tu cuerpo, mente y espíritu.

Tipos de meditación

En 2008 empecé en este mundo de las terapias naturales y la meditación fue una de las primeras que incorporé.

Existen varios tipos de meditación. Cada una tiene que encontrar con la que se sienta más cómoda. La más habitual y fácil de poner en práctica es la meditación guiada.

Hago mención a las más conocidas:

- **Meditación guiada** - Posiblemente la mejor para introducirte en esta técnica.
- **Meditación energética** - En esta práctica se trabaja con la energía del cuerpo (chakras, fuente, yin, yang, etc.)
- **El Paseo Virtual** - Se dirige a la persona hacia un paisaje o lugar imaginario.
- **Meditación Transcendental** - Se repite una frase mentalmente.
- **Meditación con el cuerpo** - Meditación dinámica mediante el movimiento.
- **Meditación Vipassan, Kundalini, Taoísta, etc.**
- **Mindfulness (atención plena)** - Muy de actualidad en los últimos tiempos y muy utilizada además en muchas terapias psicológicas de nueva generación.

Querida guerrera, existe mucha variedad, encuentra con la que más cómoda te sientas, pero incorpora este hábito diario a tu vida y nunca más dejes de meditar.

Beneficios de la meditación

Lo hemos dicho: la meditación ofrece innumerables beneficios para tu cuerpo, mente y espíritu. Logra un descanso más profundo que el sueño más reparador y, cuanto más profundo es tu descanso, más vital será tu actividad.

Aunque menciono sólo los más importantes beneficios:

- Calma, paz mental, alegría, salud, mayor energía.
- Liberación del estrés y las preocupaciones.
- Disminuye la presión sanguínea.
- Reduce los ataques de ansiedad.
- Reduce dolores de cabeza, insomnio, problemas musculares y de articulaciones.
- Aumenta la producción de serotonina que mejora el humor y el comportamiento.
- Mejora el sistema inmunológico.
- Mejora tu estabilidad emocional.
- Aumenta tu creatividad.
- Logras claridad mental.
- Se desarrolla tu intuición.
- Libera la tensión.

Meditación Budista: Concentración

A continuación voy a compartir contigo un tipo de meditación que me resultó curiosa por si te apetece profundizar, aunque requiere de más tiempo y dedicación.

Pasé un fin de semana increíble aprendiendo y practicando

este tipo de meditación. Antes de ponerla en práctica vamos a hablar de los preparativos y aclarar qué cosas son necesarias:

> *Un lugar tranquilo. Imprescindible evitar interrupciones.
>
> *Un cojín de meditación. Esto es especialmente importante, pues con un buen cojín la postura llega sola. Aunque si lo prefieres lo puedes hacer en una silla si te sientes más cómoda.
>
> *Postura cómoda. La conocida postura de loto no es imprescindible, lo importante es que te encuentres cómoda y sin distracciones. **La postura es extremadamente importante** porque favorece la buena circulación de los aires internos (energía) y por lo tanto ayuda a tranquilizar la mente.

Para empezar puedes practicar este tipo de meditación dividiendo la sesión en tres partes:

1. Motivación - Pensar primero en por qué lo haces y para qué te va a resultar beneficioso empezar la práctica: saber con qué objetivo estamos haciendo lo que estamos haciendo.

2. Práctica - Esta es la parte más importante. En este tipo de meditación se trata de conseguir la concentración, entrar en un estado de no-distracción.

El objetivo de esta meditación es dejar ir y venir los pensamientos sin involucrarte en ellos: tan sencillo como soltarlos y dejarlos ir. Nos centramos en el punto de concentración, en este caso, las fosas nasales, también nos podemos ayudar con la respiración, en cómo entra y sale el aire de nuestros pulmones y qué partes de nuestro cuerpo se mueven en este acto.

Dirigimos nuestra atención a nuestro objeto de meditación. Si nuestra mente se va, no nos preocupamos, simplemente observamos este hecho sin involucrarnos y regresamos al objeto. Así una y otra vez.

3.Agradecimiento - Una vez terminada la práctica, debes hacer un agradecimiento.

Esta práctica realizada durante 15 minutos, dos veces al día, nos va a aportar múltiples beneficios.

> **"La vida es aquí y ahora."**
>
> **Osho**

VISUALIZACIÓN CREATIVA

Esta técnica ya la hemos comentado en los dos libros anteriores de esta trilogía, pero es importante que esté muy presente en tu vida.

Dado que ya la he presentado y la conoces, ahora te quiero contar una de las muchas ocasiones en las que he puesto en práctica esta técnica.

Querida guerrera, como ya te he contado, la montaña y las escapadas a la naturaleza son una de mis pasiones. Me permite una conexión con la naturaleza y conmigo misma, es como resetear mi sistema y volver con las pilas muy cargadas. Me produce energía y sensación de paz y tranquilidad. Me encanta.

Hice una escapada de varios días y la estuve visualizando previamente durante un tiempo.

Los días anteriores muchas personas estuvieron a punto de abandonar porque el pronóstico del tiempo, según se iba acercando la fecha, era cada vez peor y, para más incertidumbre, el sitio que íbamos a visitar lo cierran los días de lluvia. Un pequeño drama.

Desde el principio me puse a trabajar visualizando que el tiempo para el Caminito del Rey en Málaga, en el llamado desfiladero de Los Gaitanes, iba a ser ideal. Yo seguía a lo mío, visualizando que iba a salir de maravilla, y en ningún momento dudé; ni me subieron las pulsaciones. Confiaba completamente en que lo íbamos a poder hacer.

Lo cierto es que El Caminito lo hicimos un lunes estupendo de temperatura y sin lluvia en tanto que el sábado y domingo anteriores estuvo cerrado y en la provincia se produjeron lluvias torrenciales con alerta que fueron noticia en todos los medios de comunicación. Lo disfruté antes, durante y después, como nunca.

Visualizar como quieres que se desarrollen los acontecimientos es una herramienta que cada vez utilizo más y no me falla nunca, ni siquiera con las inclemencias del tiempo.

Siempre que tengo un acontecimiento la utilizo y los resultados son ejemplares. Mi familia y personas cercanas a mí se quedan alucinadas pero no es ningún secreto: es sólo dedicar tu energía a crear la vida que quieres.

Me encantaría que pusieras en práctica la visualización creativa y me comentaras tus experiencias y resultados. *Querida guerrera*, te invito a visualizar para que a partir de ahora puedas crear tu vida a tu antojo.

Te espero expectante en:

guerreradecorazon@belendieguez.com

Además, comparto ahora contigo una visualización que utilizo en muchísimas ocasiones cuando quiero crear momentos, que una situación se desarrolle como me he propuesto. Es un ejemplo, una vez que tengas prácticas puedes crear las tuyas propias.

VISUALIZACIÓN: CREA TU SITUACIÓN IDEAL

La empecé a trabajar hace unos años y no deja de sorprenderme. La utilizo en lo personal y profesional.

Entra en estado meditativo centrándote en tu respiración, siendo consciente de por qué partes de tu cuerpo pasa el aire y qué partes se mueven, inhala y exhala aire repasando todos los movimientos que se producen. Con un par de minutos es suficiente.

Con esto consigues estar centrada en el momento presente que es de lo que se trata.

Una vez alcanzado el estado meditativo te pones a trabajar la visualización para la situación que hayas elegido y con el objetivo a conseguir muy claro.

Todo esto en una habitación tranquila con música relajante de fondo.

La primera vez que la puse en práctica fue en un evento familiar que me hacía mucha ilusión y que estaba preparando con todo mi cariño. Había ciertas circunstancias que podían hacer tambalear la celebración, tanto la posible ausencia de algunas personas, que me apetecía mucho que estuvieran presentes, por temas de salud, como la posibilidad de que hiciera mal tiempo, lo que haría mucho menos aprovechable el lugar. Me puse a trabajar a un año vista.

Cada mañana, cada noche e incluso cada vez que me acordaba durante el día hacia lo siguiente:

Cerraba los ojos, entraba en estado meditativo y visualizaba la llegada al evento con mis niños y familiares cercanos con un sol radiante y un día espectacular. Era capaz de describir con los ojos cerrados cada uno de los detalles de la ropa, el olor, el paisaje, la brisa y todos los personajes implicados, con conversaciones, risas e incluso las confidencias con ellos.

La llegada al lugar era preciosa, en un coche de caballos, con mis tesoros disfrutando de la belleza del lugar, y esta escena la desarrollaba detenidamente. Todos los asistentes estaban esperándonos con gran ilusión.

El evento realmente no pudo salir mejor, todos los invitados felices, bailando, bañitos en la piscina,... El tiempo fue espectacular y eso que días atrás había que usar plumas en la zona por el frío.

Siempre que practico alguna técnica doy las gracias al finalizar. En Reiki damos las gracias por la energía universal recibida. En H'oponopono utilizamos cuatro palabras y las gracias no pueden faltar. "Lo siento", "perdóname", "te amo" y "gracias". En un apartado de este libro te hablo de esta otra apasionante técnica.

El poder de una guerrera

REFLEXOLOGÍA PODAL

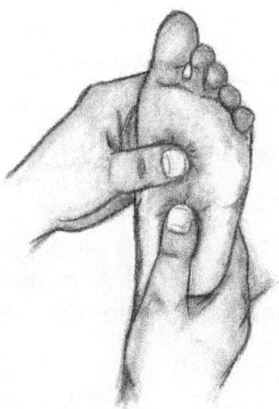

¿Por qué nos es tan agradable andar descalzos por la hierba? ¿Por qué andar descalzos nos libera?

Porque nuestros pies contienen terminaciones nerviosas que los conectan con distintas partes internas del cuerpo, nos conectan a la tierra y a la vez con nuestro propio cuerpo.

Recibir un masaje en los pies de reflexología podal proporciona una sensación de paz, tranquilidad y bienestar indescriptible. Te puedo asegurar que es una sensación muy placentera para todo el mundo. Bueno, todo el mundo que no sufra rechazo a que le toquen los pies.

Recuerdo cuando empecé el curso de esta terapia. Mientras mi maestra iba mostrando las técnicas, manipulaciones y masajes del pie, me quedaba hipnotizada con los movimientos, me producía una increíble sensación de paz.

En todas las clases dábamos y recibíamos un masaje de reflexología cada una. ¡Qué placer! Mientras lo recibía me transportaba, tenía le sensación de viajar en una nube de algodón. El relax de los pies es ligereza, descanso, no se puede describir, es como si estuvieras flotando. Pruébalo.

Lo que me enamora de todas estas técnicas es que son holísticas, es decir, que trabajan a los tres niveles cuerpo-mente-espíritu y sin prácticamente efectos secundarios.

¿Qué es? ¿En qué consiste?

La reflexología podal es una técnica terapéutica que estimula las señales nerviosas del cuerpo a través de los diferentes puntos de presión ubicados en los pies, denominados zonas de reflejo. Los pies son como pequeños espejos del cuerpo.

Se trata de un masaje manual que se aplica ejerciendo presión en ciertas zonas de los pies que producen ciertos efectos específicos en otras partes del cuerpo.

Al igual que las orejas en auriculoterapia, los pies poseen conexión con todos los órganos vitales de nuestro cuerpo por lo que al masajear esas zonas estaremos masajeando órganos, vísceras y todo el organismo.

Se basa en utilizar los beneficios de los reflejos que producen los masajes. En técnicas como lo acupuntura, la auriculoterapia y la reflexología se puede trabajar a nivel distal.

Querida guerrera, a nivel distal quiere decir que esos puntos de los pies conectan con todas las partes de nuestro cuerpo, por eso al realizar unas maniobras y presiones específicas se estimulan todos los órganos y vísceras.

Esta técnica es preventiva ya que equilibra la energía vital del organismo y estimula el mecanismo de autocuración del cuerpo.

Beneficios

- Induce a un profundo estado de relajación y bienestar y de esta forma ayuda a eliminar el estrés y la ansiedad.
- Mejora la circulación sanguínea y linfática.
- Depura y limpia el organismo de sustancias tóxicas.
- Mejora la energía vital y libera los bloqueos existentes.
- Actúa de forma preventiva.
- Posee un efecto antiálgico (alivia el dolor).
- Es un verdadero placer para tus pies y todo tu cuerpo.
- Potencia el sistema inmunológico y el potencial de autosanación del cuerpo.
- Evita el estreñimiento.
- Ayuda con las alteraciones en la presión arterial.
- Alicia el dolor de espalda.
- Alivia la hinchazón de las piernas
- Combate los cálculos renales.
- Es bueno para el asma, la hipertensión, el colesterol, la tiroides y la inflamación en general.

La frecuencia del tratamiento dependerá de cada persona, variando según su estado de salud y los objetivos que se quieran alcanzar.

Contraindicaciones

Se considera que la técnica reflexológica debe ser evitada en los siguientes casos:

- Fiebre
- Enfermedades infecciosas
- Infecciones del propio pie
- Eczemas generalizados en el pie
- Golpes o heridas que impidan trabajar el propio pie.
- Fascitis plantar.
- Verrugas extendidas por todo el pie.
- Trombosis, flebitis, tromboflebitis.
- Cáncer.
- Embarazos de riesgo.
- Urgencias hospitalarias, etc.

Querida guerrera, siempre acude a un buen profesional que te sabrá indicar la mejor opción en cada caso.

SHONISHIN

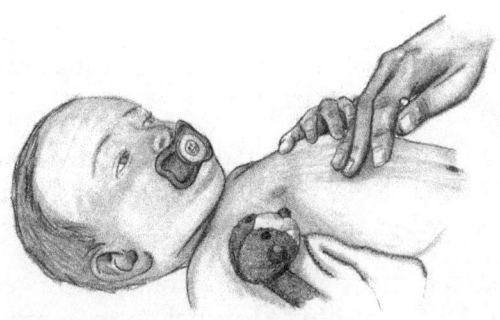

Mi niño, cuando tenía poco más de dos años, me dio un gran susto: tuvimos que enfrentarnos a una enfermedad que no era conocida y no sabía bien los efectos secundarios. Afortunadamente, llegamos a tiempo, se encuentra perfectamente y sin ninguna secuela.

Al poco tiempo, nada más recuperarme del susto, o eso creía, empezó una noche con una tos muy fea y una sensación de ahogo que le impedía poder respirar con normalidad.

Estaba convencida que eran secuelas de la enfermedad, no sabía qué hacer, no podía reaccionar, sólo puede llamar a la ambulancia y esperar a que viniera. En la interminable espera estaba con él en brazos y dando paseos como un león enjaulado por todo el salón.

Pensé que no llegaban a tiempo y tuve momentos en los que empecé a despedirme de él. Mientras escribo estas líneas todavía me da un vuelco el corazón y siento un hormigueo por todo el cuerpo. Fueron momentos de angustia total y de esperar lo peor.

Descubrí que si le dejaba llorar respiraba mejor y fueron los únicos momentos de tranquilidad hasta que por fin llegó la tan esperada ambulancia. Resultó ser una laringitis que, como sabes, puede resultar fatal si no sabes cómo actuar.

En aquel momento tomé la firme decisión de formarme continuamente para saber cómo actuar en cada ocasión y que el miedo no me volviera a paralizar.

Como resultado del tratamiento de la enfermedad le quedó una supuesta piel atópica que yo no quería aceptar. Le querían inflar a corticoides y me negué en rotundo.

Me puse en marcha y empecé a trabajar con él utilizando esta terapia del Shonishin. Al principio lo compatibilicé con Flores de Bach que, como verás un poquito más adelante, son espectaculares para trabajar a nivel emocional.

La piel es la primera que muestra síntoma de desequilibrio en el organismo. En medicina china la piel está relacionada con el pulmón. Sobre esa base me puse a trabajar. El resultado es que para la piel no utiliza corticoides jamás y que para la laringitis utiliza broncodilatadores muy esporádicamente.

Cuando estudiaba medicina china hice un curso de cuidados infantiles. A los niños les suelen gustar poco las agujas y me apetecía tener más recursos. Esta técnica me enamoró desde el primer momento porque es muy sutil y en el caso de los niños es más que suficiente.

Es una técnica que aparece en Japón alrededor del año 1.600 y que consiste en una modificación de las técnicas acupunturales adaptadas a las necesidades de los niños. En japonés *shôni* significa niño pequeño y *shin* aguja de acupuntura.

Es una técnica tan suave que se puede aplicar incluso a los bebés y, además, es tan fácil de aprender que se enseña a los padres a hacerlo.

Se utilizan herramientas que producen una sensación muy agradable y a los niños les encanta.

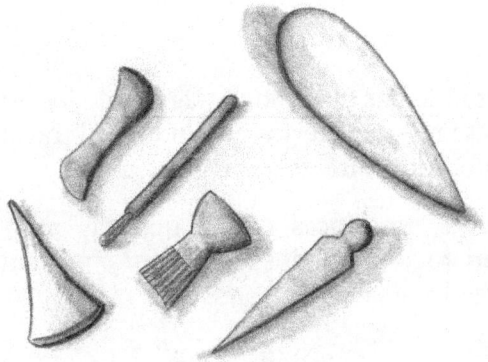

Es muy efectiva porque la fisiología de los niños es muy simple y con las herramientas de esta técnica es muy fácil regular el Qi, que es la energía vital.

Además, si la utilizan los padres sirve de unión con el niño.

Cuando empecé a practicarla con regularidad mis niños se peleaban por ser el primero y tuvimos que establecer un orden alterno.

Un día se me ocurrió bajar las herramientas a la piscina, porque me parecía muy buena idea aplicarles esta técnica en el césped y rodeada de árboles. Los otros niños me hicieron corro y la fila para recibir sesión era más larga que la de los que seguían al famoso flautista de Hamelin.

Querida guerrera, es una técnica sencilla, fácil, crea vínculo con la persona a la que se la aplicas y, además de placentera, ante todo es muy efectiva.

En niños casi siempre la utilizo combinada con Flores de Bach, aunque a veces la combino con Homeopatía, y otras veces utilizo Tuina combinada con alguna de estas dos terapias, según necesidad. Todas estas técnicas las veremos más adelante.

Pero, ¿en qué consiste realmente?

Con las herramientas mostradas y siguiendo los principios de la acupuntura se realizan ciertas maniobras. El tratamiento de los niños va enfocado sobre todo a regular el Qi.

Tiene técnicas específicas con maniobras muy ligeras que consisten en roces, frotados, rascados y presión con dichas herramientas.

Beneficios

Es una técnica muy efectiva y cómoda para los niños, les aporta tranquilidad y se termina rápido porque en este caso más que nunca "menos es más"; los niños tienen una energía muy sutil y es mejor quedarse cortos.

Una gran ventaja con respecto a otras técnicas es que, por su sencillez, los padres la pueden aprender para hacérsela en casa a los niños. Esta técnica es de tal sensibilidad, es un masaje tan sutil y superficial, que te hace disfrutar de cada maniobra y cada movimiento.

Hay que tener la **precaución** de no aplicar este tratamiento si la fiebre es superior a 38°.

Una vez acudió a mí en busca de ayuda una mamá un poco agobiada porque no era capaz de aliviarle a su hijo los incómodos cólicos de lactante.

Había probado todas las cosas que se le habían ido ocurriendo, también todas las que le aconsejaron y recomendaron los especialistas, pero su bebé no paraba de llorar y empezaba a sospechar que le pudiera pasar algo más.

Desde el principio esta técnica le funcionó genial y con unos resultados estupendos. A esa mamá y a su pareja les encantó porque, como es tan placentera, descubrieron una manera más de pasar un tiempo muy agradable junto a su bebé.

DEMUESTRA CONTINUAMENTE TU AMOR

DISFRUTA CADA MOMENTO VIVIDO CON TUS SERES QUERIDOS Y APROVECHA E INVENTA LO QUE SEA PARA PASAR MOMENTOS DE CALIDAD A SU LADO

ÁMALOS, QUIÉRELOS Y BENDICE A LA VIDA POR TENERLOS

HOMEOPATÍA

"La elevada misión del médico, su única misión, es la de restituir al enfermo en su salud, lo que se denomina: curar".

SAMUEL HAHNEMANN

Después del episodio que te he contado con mi niño, decidí utilizar las virtudes preventivas de estas terapias, que es lo que más me enamora de ellas.

En mi casa utilizamos de manera habitual la homeopatía para prevenir resfriados y otras enfermedades comunes. Y también de manera más concreta cuando existe alguna causa para utilizarla.

Mi hija la ha usado durante bastante tiempo para los fastidiosos dolores de crecimiento, unos dolores que la dejan inmóvil y no le permitían hacer su vida normal. Ha estado mucho tiempo pasándolo muy mal y desde que empezó a utilizar homeopatía se tranquilizó porque sabía que tenía un gran remedio a su disposición. En su habitación tenía un botecito con estos gránulos y ella misma se los sabía dosificar.

Pero ¿qué es la homeopatía?

La homeopatía es una de las medicinas alternativas más utilizadas. Se acepta como una de las ramas de la medicina en Europa, Asia y Reino Unido.

Tiene su origen en el siglo XVIII en Samuel Hahnemann.

Este método terapéutico se basa en la ley de similitud, "lo semejante cura lo semejante", es decir, una sustancia que produce determinados síntomas en una persona sana, en pequeñas dosis, es capaz de curar los mismos síntomas o equivalentes en una persona enferma. Cuanto mayor es la similitud entre la sustancia y los síntomas del enfermo, mayor posibilidad de mejoría.

En esta terapia la clave está en la dosis, que son infinitesimales, y se realiza mediante los procesos de dilución y dinamización.

Beneficios

Aquí he querido destacar algunos beneficios aunque tiene muchos más.

- Es inocua y no produce efectos secundarios.
- Puede ser utilizada en todas las edades: bebés, niños, adultos y tercera edad.
- La pueden utilizar con toda seguridad las mujeres durante el embarazo y la lactancia.

- Trata al enfermo de manera integral en todos sus aspectos: emocional, mental y físico.
- Trata al enfermo, no a la enfermedad.
- Está basada en principios biológicos permanentes (ley de los semejantes, ley de la individualidad, etc.)
- Es una ciencia que cuenta con sus propios principios y su propia materia terapéutica que la diferencia de cualquier otro sistema.

Contraindicaciones

La homeopatía se encuentra tan diluida que no presenta contraindicaciones. Aun así es importante consultar con un especialista antes de iniciar cualquier tratamiento.

> "Simplemente haz lo que funcione para ti, porque siempre habrá alguien que piense diferente..."
>
> Michelle Obama

FLORES DE BACH

"La enfermedad es en esencia el resultado de un conflicto entre el alma y la mente, y nunca podrá ser erradicada sin un esfuerzo espiritual y mental."

EDWARD BACH

Mis inicios en las Flores de Bach fueron un poco sin pensar. He de decir que tengo un sentimiento muy especial hacia ellas.

Los resultados que he experimentado tanto en mí misma, como en personas de mi entorno y en mis *guerreras* son espectaculares: a nivel emocional son las mejores aliadas.

Tienen esa sensibilidad, esa energía tan bonita... Desde que las preparo ya empiezo a disfrutar de ellas y su sonido cuando caen al agua es como música celestial. Es un placer compartir mi vida con ellas.

Seguramente te provocará incredulidad todo lo que acabo de decir, pero tienen una energía maravillosa y dan unos resultados fantásticos. Te invito a probarlas y a que comentemos.

Al tratarse de remedios completamente naturales las Flores de Bach no tienen contraindicaciones ni interactúan con otros tratamientos médicos, por lo que son aptas para todos.

¿Que son las flores de Bach?

Es la terapia de las emociones.

En 1930, Edward Bach, médico, bacteriólogo y homeópata inglés, descubrió su utilidad y propiedades curativas.

Se trata de un sistema natural compuesto por 38 esencias o remedios que contribuyen al equilibrio de las emociones.

Para el Dr. Bach: "Curar no es una profesión sino un *arte divino* y quienes tengan ese privilegio deben estar preparados para brindar ese servicio, ya que la salud es un derecho de todo individuo".

Además: "Tienen un auténtico poder curativo, su acción consiste en restablecer la salud a través del equilibrio emocional".

Y: "Ayudan a equilibrar una característica o estado emocional negativo en particular, por ejemplo: el miedo, la falta de confianza, etc.".

Las flores de Bach se basan en que las enfermedades físicas tienen un origen emocional, por lo que si mantienes unos conflictos emocionales por mucho tiempo empieza a aparecer la enfermedad en el cuerpo. Y, al contrario, si restauras el equilibrio emocional la enfermedad física se resuelve.

Beneficios

La intención del Doctor Bach fue que el hombre pudiera encargarse de su propia curación, así que tienen múltiples beneficios. Su principal objetivo es equilibrar la energía de nuestro cuerpo mediante la curación del problema emocional que nos afecta.

Los beneficios principales:

- No contienen químicos o sustancias activas, sólo contienen energía.
- No hay interacciones con otros medicamentos.
- Pueden usarse a todas las edades e incluso en mascotas y plantas.
- Resultan efectivas a nivel emocional.
- Tienen múltiples aplicaciones.

Contraindicaciones

De momento no se ha descrito interacción con otros fármacos. Los efectos secundarios pueden ocurrir durante las primeras 24-48 horas en las que el problema emocional que se trata se manifiesta de manera más severa, es decir, puedes tener cambios de humor (risa, llanto, alegría excesiva, etc.). Aunque sean algo molestos mientras están presentes, son positivos porque indican que estás limpiando esas emociones.

> "La verdadera salud es felicidad, una felicidad muy fácil de seguir porque es la felicidad de las cosas pequeñas; hacer las cosas que realmente nos gusta hacer, estar con las personas que realmente nos agradan."
>
> Edward Bach

MEDICINA TRADICIONAL CHINA

De todas las terapias que trabajo ésta es la más potente, en cuanto a diagnóstico es muy precisa y tiene muy buenos resultados.

Cuando terminé con el Reiki busqué una terapia potente para ampliar conocimientos y poder seguir ayudando a los demás.

Mientras iba aprendiendo una terapia tras otra de las que te acabo de comentar empecé a darle vueltas a esta medicina milenaria.

Querida guerrera, embarcarme en esta aventura es de lo que más me costó decidir. Hacía mucho tiempo que no estudiaba de verdad, "hincar codos", que se dice. Era una terapia que implicaba cuatro años de estudios y mi hijo menor tenía entonces unos meses y mi relación de pareja sufría idas y venidas. Suponía un nuevo desafío porque la situación y el tiempo disponible no eran los ideales. Pero una vez más me crecí ante la adversidad y es de las mejores decisiones que he podido tomar.

Y no creas que no me costó entender todos los conceptos y los pilares de esta medicina milenaria. Tienes que tirar a la basura completamente tu mente oriental y hacer un *reset* completo a tu forma de pensar.

¿Qué es la medicina china?

La medicina china es una medicina milenaria de la antigua China que ha perdurado a lo largo de la historia. Sus principios se extraen directamente de la filosofía tradicional taoísta.

Se trata de una medicina nada agresiva y muy preventiva mediante la cual se obtienen resultados eficaces.

La medicina china es una medicina holística, ya que considera que no existen enfermedades sino enfermos. Trata no sólo lo que sucede en el órgano o parte afectada, sino también lo que sucede en todo el organismo, cómo se manifiesta, las circunstancias personales de cada uno, cómo responde a las influencias externas y del entorno.

Realiza un estudio minucioso de la persona y sus circunstancias y, a través de él llega al diagnóstico, a la diferenciación de síndromes y al tratamiento completamente personalizado.

Los pilares básicos de la medicina china son:

- Teoría del Yin y el Yang
- Teoría de los Cinco Elementos (madera, fuego, tierra, metal, agua).

La idea principal de la teoría medicinal china es que toda forma de vida del universo se debe a una energía vital denominada *Qi*. El *Qi* es la sustancia fundamental del organismo.

Querida guerrera, para una mejor comprensión de este concepto te pongo unos ejemplos:

La digestión, por ejemplo, extrae *Qi* de la comida y la bebida y lo transporta por todo el organismo. En el caso de la respiración se extrae *Qi* del aire en los pulmones. Estas dos formas de *Qi* se juntan en la sangre y permiten que el *Qi* circule como energía vital por los meridianos o canales energéticos.

La definición del *Qi* más simple y fácil de entender es energía vital, pero abarca muchísimo más. Hay que tener en cuenta que en China los textos son ideogramas en cuya traducción perdemos buena parte de su valor.

En medicina china se busca el equilibrio yin-yang. Cuando existe un desequilibro entre el yin y el yang aparece la enfermedad.

Se trabaja con la etiología que son los factores que causan la enfermedad.

Se tienen en cuenta seis tipos de etiología:

1.- Los seis factores climáticos (viento, frío, calor estival, humedad, sequedad, fuego).

2.- Factores infecciosos.

3.- Factores psicológicos, las siete emociones (alegría, ira, preocupación, reflexión, tristeza, pánico, susto).

4.-Factores relacionados con el estilo de vida (factores alimenticios, exceso de cansancio o exceso de descanso).

5.- Por traumatismos

6.- Por productos patológicos del cuerpo (tanyin, estasis sanguínea, etc.).

Estas seis etiologías a su vez se clasifican en tres grupos:

- Externas: Factores climáticos / Factores infecciosos

- Internas: Factores psicológicos / Factores patológicos

- Ni externas, ni internas: Factores relacionados con el estilo de vida / Traumatismos

También trabaja con la fisiopatología, que tiene como objetivo principal la evolución del proceso patológico.

Querida guerrera, la Medicina Tradicional China es apasionante y muy amplia, si sientes curiosidad y te llama la atención, no dudes en ampliar información.

TÉCNICAS PRINCIPALES DE TRATAMIENTO EN MEDICINA CHINA

ACUPUNTURA

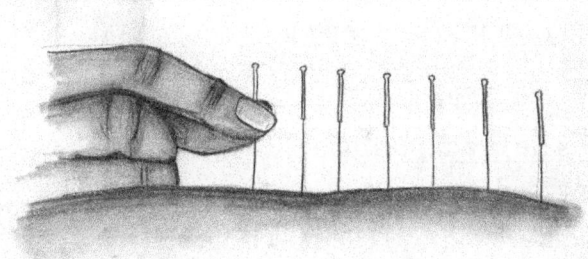

La acupuntura, además de sus beneficios probados como técnica milenaria, ha sido reconocida como terapia válida por la Organización Mundial de la Salud en bastantes afecciones.

La acupuntura es la herramienta de la medicina china más popular.

Desde que empecé mis estudios ha sido de mis terapias favoritas. Aunque reconozco que estas terapias dan respeto inicialmente, una vez que las pruebas y recibes los beneficios, aprendes a amarlas. Te producen un estado de paz y bienestar increíble que te hacen sentir fenomenal.

¿Qué es la acupuntura?

Consiste en la inserción de agujas muy finas en determinados puntos del cuerpo. Estos puntos específicos llamados "puntos acupunturales" están ubicados a lo largo de canales de energía, llamados meridianos, que conectan todos los órganos vitales del cuerpo. Esta terapia regula la energía de la persona y restablece el equilibrio perdido.

Tiene acción sobre el sistema inmunitario, hormonal, nervioso, sanguíneo, óseo-articular, sensitivo, emocional...

Con acupuntura se busca equilibrar los ritmos internos, para equilibrar es necesario activar unas funciones y frenar otras.

FORTALECER Y EQUILIBRAR LA ENERGIA VITAL (QI)

Beneficios de la acupuntura

La acupuntura nos aporta muchísimos beneficios, nos permite restablecer la armonía del cuerpo y la mente.

A través de los puntos acupunturales vamos a reforzar la insuficiencia, dispersar el exceso y equilibrar el Yin y el Yang.

Lograremos combatir los síntomas en primera instancia para ir llegando a la raíz del problema. Conseguiremos aliviar la ansiedad o el estrés, aportar energía, fortalecer el sistema inmunológico, mejorar la digestión, aliviar los dolores, favorecer la circulación, evitar el insomnio, disminuir las reacciones alérgicas de la piel, combatir los efectos secundarios en pacientes oncológicos...

Contraindicaciones

En el caso de que utilices marcapasos o sufras trastornos de circulación es más conveniente utilizar un tratamiento alternativo. Como te digo, siempre acude a un buen profesional.

MOXIBUSTIÓN

La moxibustión es una de las técnicas principales de la Medicina Tradicional China, que solemos usar junto a la Acupuntura, incluso a veces como tratamiento único, y se basa en la aplicación de calor con moxa a través de los puntos de acupuntura y meridianos.

La moxa está compuesta de artemisa, que es la raíz de una planta con propiedades terapéuticas, y se puede usar moxa en puro o moxa en conos.

Uno de los inconvenientes de la moxa es que produce mucho humo y el olor es bastante fuerte. Recuerdo que cuando hacíamos las prácticas incluso saltaban los sensores de humo. Para eso existe la moxa sin humo en los dos formatos (puro y cono).

Las acciones principales de esta terapia son:

- Calentar los meridianos para eliminar el frío.
- Activar la circulación del *Qi* y la *Xue* (sangre) para eliminar el dolor.
- Reforzar el sistema defensivo.
- Regular la función de los órganos, etc.

Querida guerrera, el calorcito que desprende la moxa y las propiedades que va soltando la planta producen un efecto muy placentero. Teniendo en cuenta que sobre todo se utilizan en síndromes de frío, el resultado es que muchas personas se quedan dormidas como angelitos durante la sesión.

Esta técnica también produce un equilibrio homeostático, por lo que sirve, además de como método preventivo que fortalece el organismo, para tratamiento de problemas de salud.

Beneficios de la moxibustión

La moxibustión puede tratar enfermedades muy variadas ya sean agudas o crónicas.

Los efectos terapéuticos son muchos:

- Tonificar la debilidad
- Aliviar problemas digestivos
- Prevenir resfriados o gripes
- Falta de concentración o memoria.
- Disfunción sexual
- Problemas ginecológicos y dolores menstruales
- Diarrea o estreñimiento

- Dolores articulares
- Problemas en obstetricia
- Sofocos durante la menopausia
- Lesiones deportivas
- Problemas metabólicos
- Sistema inmunológico
- Cansancio o fatiga
- Artritis

Como curiosidad, se está utilizando mucho en embarazadas que tienen el feto colocado de nalgas, aplicando moxa en un punto acupuntural que corresponde al meridiano de vejiga y se sitúa en la cara externa del dedo meñique. Se suele emplear de la semana 32 a la 35 para conseguir colocar al feto de cabeza y que sea un parto normal y sin complicaciones.

Contraindicaciones

Esta técnica se utiliza en cuadros de frío e insuficiencia, por lo que debe aplicarla un profesional que sepa discernir en qué casos es conveniente. En Medicina Tradicional China existen los cuadros Yin y los cuadros Yang, en estos últimos está contraindicada.

VENTOSAS

El uso de Ventosas es una técnica conocida desde la antigüedad y practicada incluso en la medicina moderna. Hasta deportistas de élite y de éxito, como el nadador Michael Phelps, la han usado como parte complementaria a su entrenamiento.

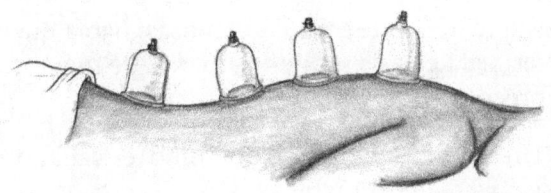

Las ventosas forman parte de las herramientas terapéuticas de la Medicina Tradicional China, al mismo nivel que la Acupuntura o la Moxibustión.

Las ventosas son unos recipientes, como una especie de vasos de diversos materiales (cristal, bambú, cerámica, arcilla o plástico, lo más utilizado actualmente). Las ventosas de plástico vienen acompañadas de una especie de pistola que es con la que se realiza la succión en la piel.

La aplicación de las ventosas consiste en hacer un efecto de vacío: succiona la piel y parte del músculo, abre los poros y mueve la circulación sanguínea y linfática.

Se aplican en los puntos de acupuntura que correspondan a los órganos afectados por la dolencia.

En consulta utilizo mucho las ventosas al final de la sesión para relajar, desplazándolas a lo largo de los laterales de la columna, y es muy placentero.

Es una terapia muy reconocida por sus múltiples beneficios físicos y emocionales. Un inconveniente es que dejan marcas en la piel, aunque no duelen y desaparecen en unos días siempre hay que avisar a la persona antes de aplicarlas.

Sirven también como diagnóstico, porque las marcas que deja en la piel actúan como pistas.

Hace tiempo vino una persona a consulta bastante escéptica y con terribles dolores de espalda. Una de las herramientas terapéuticas que utilicé fueron las ventosas: había que ayudar a sacar al exterior la estasis sanguínea para que fuera más fácil y menos doloroso poderle tratar.

Cuando terminé se había quedado como el caballo de Pippi Calzaslargas, aquel entrañable personaje creado por Astrid Lindgren que tuvo su propia serie de televisión en España, una niña de nueve años muy singular con un caballo de lunares llamado Pequeño Tío. Así se quedó él, a lunares. La anécdota es divertida, pero no fue solamente eso…

Ya en la primera sesión tuvo una mejoría espectacular, aunque quedaba mucho trabajo para restablecer su equilibrio interior.

Beneficios

Los principales son:

- Equilibra el organismo
- Trabaja contracturas
- Alivia problemas respiratorios
- Alivia dolores de cabeza

- Es relajante, analgésico y antiinflamatorio
- Trabaja a nivel energético
- Incide en los puntos reflejos orgánicos
- Realiza una acción sobre los sistemas circulatorio, linfático y nervioso
- Ayuda en problemas de estrés o ansiedad
- Reduce el estrés y el insomnio
- Estimula el metabolismo y las defensas
- Fortalece los tendones
- Ayuda a eliminar el exceso de grasa
- Útil en tratamientos antiarrugas faciales y alteraciones de la piel (acné, celulitis, eccema)
- Mejora los desórdenes del sistema digestivo
- Reduce los síntomas de alergia, fatiga crónica y fibromialgia
- Ayuda con problemas de músculos y articulaciones (ciática, lumbalgia, entumecimiento, contracturas)
- Ayuda a eliminar la retención de líquidos
- Fomenta la absorción de edemas

Contraindicaciones

No aplicar en caso de recientes periodos de fiebre, rotura de huesos, alergias, en el abdomen o zona lumbosacra de una embarazada, durante la regla, etc. Lo recomendable es ponerse en manos de un profesional.

FITOTERAPIA

La fitoterapia es una parte muy importante de la Medicina Tradicional China y una de las más antiguas.

La fitoterapia hace uso de diferentes partes de las plantas, como son los frutos, flores, hojas, tallos, raíces, corteza y bulbo. A través del uso de materias naturales, herbales, minerales y animales se realizan formulaciones que actuan de forma contundente contra el desequilibrio que provocó la enfermedad. Se aplican según la patología del enfermo.

La Fitoterapia China es el arte de combinar las hierbas medicinales y elaborar las fórmulas tradicionales.

Estas fórmulas de plantas se han utilizado en China desde hace más de 3.000 años y es un remedio muy eficaz para tratar todo tipo de enfermedades.

Recuerdo mi época de estudiante, en la que pensaba que jamás iba a ser capaz de aprender estas cosas. A la dificultad que supone la cantidad de materia médica china que existe, se le añadía la de los nombres de estas plantas en pinyin (chino tradicional) o en latín y el montón de combinaciones posibles según lo que quisieras tratar.

El uso de la fitoterapia implica una gran responsabilidad porque tienes que conocerla bien. Afortunadamente mi profesora era genial y lo asociaba todo a algo fácil de recordar. Sus clases eran muy amenas y divertidas y creo que es lo mejor que me pudo pasar.

Por otra parte, ya existen muchos preparados estándar con las especificaciones bien claras.

Tiene varias presentaciones: decocción, infusión, píldoras, cápsulas y hasta un tratamiento tópico con parches y cataplasmas.

Como método terapéutico de la Medicina Tradicional China se fundamenta en:

Las leyes universales del Yin-Yang.

Las combinaciones de plantas actúan:

* A través de sus cuatro direcciones (ascendente, descendente, flotante, hundido).

* A través de sus cuatro naturalezas (frío, fresco, tibio, caliente, también neutra).

* También a través de sus cinco sabores (picante, dulce, agrio, salado, amargo).

* Incluso es interesante su relación con los meridianos.

Dependiendo de todas estas características y propiedades anteriores, se pueden clasificar todas las materias en diecisiete grupos diferentes.

A tener en cuenta:

* Es una herramienta muy potente y efectiva.

* De todas las herramientas terapéuticas, es de la que más conocimiento hay que tener antes de trabajar con ella.

Beneficios

- Efecto preventivo y menores efectos secundarios
- Ausencia de residuos químicos
- Pueden actuar sobre diferentes problemas
- Acción global sobre el organismo
- Trata la causa (raíz) y sus síntomas
- Es más potente que la Acupuntura y puedes usar ambas para el éxito en un tratamiento
- Es muy precisa: su variedad de plantas puede tratar dolencias o desequilibrios concretos.

Precauciones y contraindicaciones

Una mala indicación puede tener consecuencias graves.

Si, por ejemplo, a una persona que tiene exceso de calor la tratas con una fórmula compuesta de plantas que calienten, los resultados pueden ser nefastos. Y mucha precaución cuando se estén tomando medicamentos anticoagulantes.

Es necesario acudir a un buen profesional de la Medicina Tradicional China, que tiene el conocimiento necesario para poder indicar la adecuada fórmula en cada caso.

LA FITOTERAPIA ES MUY POTENTE Y EFECTIVA PERO MUY DAÑINA SI NO LA SABES UTILIZAR.

TUINA

Querida guerrera, en mis momentos más difíciles mi espalda me habló y me dijo: "Hasta aquí hemos llegado".

El aviso fue tan importante que me dejó tres meses inactiva. En ese momento, cuando no me podía ni mover, me centré en trabajar a nivel mental.

Según la metafísica, los problemas en zona lumbar indican que llevas más peso del que puedes soportar y todo eso me hizo pensar.

Estaba a 15 días de irme de vacaciones y sabía que eran las últimas vacaciones que los niños iban a pasar conmigo y mi pareja.

Sobrevivía como podía, porque a nivel físico tenía una hernia y una protusión discal, que me producían mucho dolor, y a nivel emocional estaba aún peor. Pero me negué a que todo esto me impidiera disfrutar de esos días y empecé a ver el poder de los pensamientos.

A nivel emocional, me puse manos a la obra a trabajar con todos los recursos que ya conocemos todas las *guerreras*.

A nivel físico, me puse en manos de mi profesor de Tuina, un masaje que va más allá, un recurso terapéutico de la medicina china cuyos efectos enseguida empecé a notar.

Querida guerrera, como te he comentado, una de las cualidades que me enamoran de estas técnicas es precisamente su cualidad holística (cuerpo-mente-espíritu) y yo necesitaba formatear todo mi ser.

¿Qué es el masaje Tuina?

El Tuina trabaja con la teoría de la Medicina Tradicional China mediante distintas técnicas, manipulaciones y presiones en puntos específicos para tratar multitud de alteraciones.

El término Tuina se compone de *Tui*, que es empujar, y *Na*, que es agarrar.

Tuina es más que una técnica de masaje, se trata de una excelente alternativa para favorecer la salud y el bienestar.

El masaje Tuina trabaja para mantener el equilibrio y fluir armoniosamente a través de los meridianos que recorren nuestro cuerpo en busca de un estado de salud y bienestar.

SI SE ALTERA EL EQUILIBRIO APARECEN DOLENCIAS
TANTO FÍSICAS COMO MENTALES

¿Cómo se aplica un tratamiento de Tuina?

Las principales maniobras de tratamiento con Tuina son presiones, fricciones, vibraciones, percusiones, movilizaciones y tracciones.

A través de estas maniobras se tratan las enfermedades mediante la estimulación de *Qi* y *Xue* en los Jingluo, la regulación de los Zangfu y el equilibrio de Yin y Yang.

Mediante distintas técnicas y manipulaciones, así como a través de diversas presiones en puntos específicos se tratan multitud de alteraciones.

Una de sus particularidades es que se aplica con el paciente vestido, pudiendo estar tumbado sobre una camilla o sentado en una silla, dependiendo de la zona a tratar.

Querida guerrera, prepárate además para responder a algunas preguntas sobre tu estado de salud que son necesarias antes de recibir un masaje Tuina.

Cuando pensamos en un masaje lo primero que nos viene a la mente es que están indicados para el tratamiento de dolores crónicos musculares y articulares, incluso para relajación y placer.

Pues he de decirte que el masaje Tuina va mucho más allá, no hay que olvidarse que es un recurso de la Medicina Tradicional China y trabaja sobre las mismas teorías y principios.

Por lo que además está recomendado para el insomnio, las disfunciones sexuales, los problemas emocionales, o los desórdenes menstruales.

Incluso existe una rama que es Tuina pediátrico muy efectivo para los más pequeños.

Beneficios

Se emplea en muchas especialidades:

- Reumatología
- Traumatología
- Medicina Interna
- Pediatría
- Ginecología

Contraindicaciones

- Fracturas, osteoporosis muy graves, infecciones o tumores
- En lesiones de columna vertebral aguda sin un diagnóstico claro
- En enfermedades infecciosas agudas
- En pacientes con tendencia hemorrágica
- Lesiones en la piel; no se aplica en el área afectada
- En mujeres embarazadas de más de tres meses: contraindicado en zona abdomen, lumbosacra o caderas
- En áreas con inflamación y dolor después de un traumatismo se retrasa el tratamiento 24-72 horas.

Como en cualquier disciplina, mejor ponerse en manos de un profesional que sabe el tratamiento más adecuado a cada dolencia o desequilibrio.

DIETÉTICA

La **Dietética China** o **Dietoterapia**, junto con la Acupuntura, la Fitoterapia y la Tuina forman parte de los pilares terapéuticos más importantes de la Medicina Tradicional China.

En China, desde la antigüedad e incluso en la mitología, la alimentación ha estado ligada a la medicina. Todo ser vivo necesita alimentarse y aprendimos progresivamente empezando a descartar los alimentos tóxicos.

Ya en la Dinastía Zhou (1121-220 a. C.) el emperador era tratado por el médico de los alimentos (*Shi Yi*), que tenía la función más importante: su papel consistía en prevenir las enfermedades del emperador y asegurar su longevidad.

Lu Shu Chun Qiu revela en su obra cómo el cocinero del rey Tang (S. XVI-XI Antes de Nuestra Era) empieza a adaptar la alimentación a cada época del año como método preventivo.

Por supuesto, en obras posteriores como *Huand Di Nei Jing, Su Wen* se habla de la importancia de la alimentación en la prevención de enfermedades.

"Que tu alimento sea tu medicina y tu medicina tu alimento."

Hipócrates

"Somos lo que comemos" es una frase muy utilizada que evidencia la importancia de una buena alimentación. Y mucho más grafico todavía el proverbio ayurvédico que dice:

"Cuando la alimentación es mala, la medicina no funciona; cuando la alimentación es buena, la medicina no es necesaria."

Este punto es el que quiero destacar para ser muy conscientes de la importancia de unos buenos hábitos de alimentación.

La Medicina Tradicional China se rige por la teoría de los cinco elementos y a cada elemento se le atribuye un órgano, víscera, color, emoción, sabor, naturaleza, estación del año, grupos de alimentos, etc.

La dietética en Medicina Tradicional China presenta dos aspectos:

* **Dietética preventiva:** La importancia de adaptar nuestra alimentación a nuestra constitución, hábitos y forma de vida. En esta forma de dietética tenemos que tener en cuenta varias cosas:

- **Equilibrio:** No sobrepasarse, porque lógicamente todo exceso de alimentos perjudica la salud. Añadirle buenos hábitos, comer lentamente, poca cantidad, masticación adecuada, estado de ánimo a la hora de comer, etc.

- **Regularidad:** Fijar una hora para las comidas.

* **Dietética terapéutica:** Esta forma de emplear la dietética está basada en la teoría de la Medicina Tracional China y en dos principios fundamentales que tienen que estar orientados por un profesional.

Por un lado, el tratamiento basado en realizar una correcta diferenciación de síndromes, imprescindible en esta disciplina.

Por otro lado, en medicina china, durante todo el proceso de tratamiento, se proporciona protección al *Qi* de Estómago. Con una dieta correcta bien integrada en nuestro día a día damos pasos de gigante hacia nuestra salud y bienestar.

Además, como hablamos en *Renacer de una guerrera*, cabe destacar los beneficios de incorporar algas y semillas a tu alimentación.

Las algas son un alimento común en la dieta china, pero al ser tan ricas en nutrientes, sales minerales y oligoelementos su consumo se da en pequeñas cantidades.

Las semillas son una buena incorporación a nuestra dieta: semillas de lino dorado, chia y sésamo negro, entre otras.

Querida guerrera, hay mucha información en las redes, tanto de semillas como sobre algas, pero es verdad que hay que aprender a filtrarla bien. Como no me quiero extender más, cualquier consulta no dudes en contactar conmigo.

SEGUNDO FLECHAZO

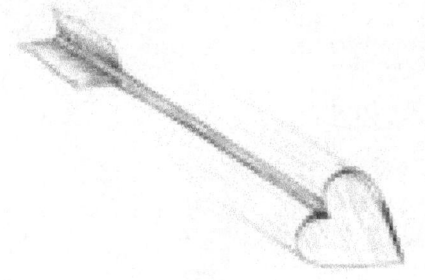

ORACIÓN DE LA GUERRERA DE CORAZÓN

ERES ÚNICA

Soy Guerrera de Corazón.

Consigo todo lo que me propongo.

Mis obstáculos son lanzaderas hacia mis sueños.

Me voy a dar el mejor trato del mundo.

Todo el mundo me trata como me merezco.

Toda mi energía la voy a invertir para trabajar en mi interior.

Voy a ser mi mejor yo.

Atraeré a mi lado a las personas que quiero tener.

Nunca, nunca voy a permitir que me hagan sentir inferior.

Soy capaz de conseguir todos mis propósitos.

Porque yo SOY UNA GUERRERA DE CORAZÓN.

OTROS RECURSOS

Querida guerrera, estas otras técnicas las utilizo en cualquier momento, especialmente en los momentos de más debilidad o cuando necesito tener fuerza para enfrentarme a una situación.

Cuando las empecé a integrar en mi vida, nada me satisfacía, necesitaba encontrarme bien y volver a ser la misma que era y no dejaba de buscar recursos. Estaba destrozada por dentro y todo era poco con tal de recuperar mi salud y bienestar.

He probado una tras otra y la verdad que hoy estoy encantada porque forman parte de mi personal arsenal de recursos.

Te deseo de todo corazón que te sirvan o, como mínimo, te iluminen para alcanzar lo que quieras lograr.

Vamos con ellas.

H'OPONOPONO

Cuando escuché por primera vez esta técnica me quedé todavía más perpleja que con el Reiki. Me hablaron de ella en el curso de Terapeuta de Reiki pero entonces me quedaba aún mucho por aprender y la mantuve apartada de mi lado mucho tiempo; no estaba preparada para recibirla.

Ante todo reconocer que es una técnica que cuesta mucho digerir, porque parte de la premisa de que te tienes que hacer responsable 100% de todo lo que ocurre en tu vida; ardua tarea. Te puedo garantizar, eso sí, que si la incluyes en tu día a día tu vida dará un giro de 360°.

Tardé en entender que responsabilidad no tiene nada que ver con culpabilidad, con culparse de las cosas que te van sucediendo. ¡Qué gran milagro descubrir la diferencia!

¿Qué es H'oponopono?

H'oponopono es un arte sanador de Hawai muy antiguo. Su objetivo es la resolución de problemas, así como borrar las creencias, emociones y memorias que nos tiene atrapadas.

Realmente H'oponopono significa corregir un error y esta técnica nos permite borrar esas memorias.

Me encanta este ejemplo que lo deja muy claro y es que Ho'oponopono es la tecla de borrar en el teclado de nuestro ordenador.

Todo lo que aparece en nuestra vida es una gran oportunidad para borrar y limpiar.

Aunque practicarlo es muy sencillo su base filosófica es bastante difícil de comprender.

Para introducirnos en esta técnica mi maestro nos contó la historia del Dr. Ihaleakala Hew Len en el Hospital Psiquiátrico de Hawai.

Un amigo del Dr. Len trabajaba en la sección psiquiátrica del Hospital Estatal de Hawai con gente realmente trastornada y le pidió su ayuda. El Dr. Len le solicitó a su vez que le enviara la información de cada uno de los enfermos pero esos datos son confidenciales así que tuvo que ir allí y leer cada caso.

Estos pacientes eran muy peligrosos y el personal renunciaba continuamente a sus puestos.

El Dr. Len nunca vio a sus pacientes; revisaba los archivos desde un despacho. Mientras miraba esas historias clínicas, trabajaba consigo mismo con esta técnica de H'oponopono y de forma milagrosa los pacientes comenzaron a mejorar y en unos tres años todos fueron dados de alta.

Hasta aquí todo parecía muy interesante.

Sin embargo, uno de los conceptos principales es hacerte 100% responsable de todo lo que te ocurre, tanto de tus actos como de los demás y eso provocaba mi rechazo. Me veía a mí misma como una víctima y no iba a aceptar la responsabilidad de los actos de mi *villano*.

Así fue que todo el material de esta técnica fue a parar al cajón del olvido. Querida guerrera, no hagas como yo hice, dale una oportunidad y dátela a ti misma también.

Esta definición he de reconocer que me encandila.

> Ho'oponopono es una costumbre hawaiana para hacer el bien al prójimo.

¿Cómo podemos trabajar está técnica?

Lo más importante de esta técnica es hacer limpieza continua. Realmente al principio cuesta, pero una vez que la practicas y la tienes integrada se convierte en un mantra que repites sin cesar y sin darte cuenta.

Es un hábito más que ocupa el mismo espacio que otros en tu tiempo y que te proporciona múltiples beneficios.

H'oponopono trabaja con cuatro palabras mágicas que funcionan ante cualquier situación. Verás por qué te lo digo.

Estas cuatro palabras obran milagros y nadie se puede resistir. No te resistas tú, porque este trabajo es para ti, para trabajar tu interior.

Las cuatro palabras de H'oponopono son:

LO SIENTO

PERDÓNAME

TE AMO

GRACIAS

¿Conoces alguna palabra más bonita?

Voy a profundizar en ellas.

Lo siento - Es una forma excepcional de hacerte responsable y de mostrar arrepentimiento sincero por el daño causado, sea el que sea. Te arrepientes sinceramente del daño causado y liberas una memoria errónea del pasado que te ha hecho sufrir.

Perdóname - Es la manera de reconocer tu error, pides perdón por lo que hay en ti que ha creado la realidad que te toca vivir. Pides perdón y perdonas por la parte de ti que ha creado este problema.

Te amo - El amor permite la verdadera transformación, el amor mueve montañas. Lo que provoca tu sufrimiento es lo que has creado desde otro tipo de energía que no es la del amor. Desde el amor todo está perdonado y olvidado.

Gracias - Aunque reconozco que no es fácil dar las gracias, sobre todo cuando la situación por la que estamos pasando es desagradable, es importante pensar que realmente das las gracias a estas memorias que te han permitido poder limpiarlas.

El problema te está mostrando lo que tienes que limpiar y es una gran oportunidad para poderlas restaurar.

"Gracias" es una herramienta muy poderosa como vimos en mi primer libro *Secretos de una Guerrera*.

> "Si gracias fuese la única oración de tu vida, sería suficiente."
>
> Meister Eckhart

Querida guerrera, si adquieres el hábito de utilizar continuamente estas palabras cuando una situación o problema te esté afectando, o sencillamente de manera habitual aunque estés pasando por momentos maravillosos, serás consciente de la tranquilidad y la paz interior que vas a sentir. Y será cuando empiecen a aparecer los milagros.

Esta técnica es muy potente para trabajar el perdón.

Cuando tienes rencor en el corazón tienes un veneno dentro de ti que te va matando poco a poco. En mi segundo libro, *Renacer de una guerrera*, hablamos del perdón y de esta técnica super potente para trabajarlo. Añádelo a tu *caja de herramientas*.

Como te he contado, de pronto un día entendí que responsabilidad no es lo mismo que culpabilidad. La diferencia fundamental radica en que no eres culpable de lo que te hagan, pero sí

ES TU RESPONSABILIDAD CÓMO VAS A SUPERAR LA SITUACIÓN, REHACER TU VIDA Y SER FELIZ.

No es culpa tuya si alguien te hace daño pero sí es tu responsabilidad salir de esa situación, que no te produzca dolor y que puedas tener una vida feliz.

Desde luego para esto es fundamental superar el victimismo, para lo que te he ido dando recursos desde que nos conocemos.

LA ÚNICA FORMA ES ABANDONAR EL PAPEL DE VÍCTIMA

Decide de una vez por todas ser la protagonista de tu vida, dale también a la tecla de borrar del victimismo. Culpar a los demás es una pérdida de tiempo. Utiliza esa energía para crear la vida que quieres.

Es muy sencillo de incorporar a nuestra rutina y además muy efectivo. Sólo tienes que empezar a aplicarlo en cuanto notas algo molesto en tu interior con respecto a alguna persona, acontecimiento, situación, lugar o cualquier cosa que te produzca rechazo o te haga sentir incómoda.

En cuanto ocurra esto empieza a utilizar las cuatro palabras mágicas.

Querida guerrera, ojalá yo misma lo hubiera puesto en práctica mucho antes; me hubiera evitado tantos años de sufrimiento.

Haz limpieza continuamente, todo el rato, conviértelo en un mantra en tu vida.

Durante el día, al sentir cualquier malestar, cualquier sentimiento ruin, que te traiga algún recuerdo, o no, ponte a limpiar las memorias que lo están generando.

Estas cuatro palabras mágicas son sólo una parte de esta maravillosa técnica, hay muchos más recursos. En H'oponopono se utilizan muchas más palabras, hay oraciones, meditaciones y otras herramientas (respiración *Ha*, agua solar, lápiz con goma de borrar, vaso de agua, libreta, etc.).

¿Qué situaciones puedes trabajar con H'oponopono?

* Relaciones personales y familiares
* Relaciones de pareja
* Problemas laborales y escolares
* Limpiar miedos y temores
* Pérdida de peso
* Dejar de fumar
* Ansiedad y estrés
* Conflictos contigo misma y con los demás

Querida guerrera, aprende a utilizar el poder de las palabras para resolver los conflictos contigo misma y con los demás, desde la energía del amor y del perdón.

Mientras cojas soltura con esta técnica te recomiendo que utilices meditaciones con h'oponopono para ir trabajando lo que más necesites en cada momento: el perdón, la abundancia o sanar relaciones.

Puedes ir trabajando las facetas de tu vida que más te interesan con estas potentes meditaciones con H'oponopono que encontrarás con facilidad compartidas en internet. Vete introduciendo en la técnica de la forma que te resulte más cómoda.

Piensa en una situación de tu vida y empieza a practicar cuanto antes. Comparte con todas las *guerreras* cómo te ha ido y tus experiencias porque será muy enriquecedor para todas.

Belén Diéguez Mora

"Puedes pasarte la vida culpando al mundo, pero tus éxitos y tus derrotas son de tu entera responsabilidad."

PAULO COELHO

LA LEY DE ATRACCIÓN

"Tienes que tomar conciencia de tus pensamientos, debes elegir tus pensamientos cuidadosamente y divertirte con ellos, porque eres la obra maestra de tu propia vida."

JOE VITALE

La Ley de Atracción es la ley mediante la cual atraes a tu vida todo aquello a lo que dedicas tu atención, energía y foco.

Querida guerrera, si eres la maestra de tu propia vida, a partir de ahora tienes que elegir muy bien tus pensamientos y palabras, incluso tus emociones porque se van a convertir en tu realidad y ahora tienes los recursos necesarios para hacerlo.

Es una ley y, tanto si crees que funciona como si no lo crees, está funcionando continuamente.

Lo que pasa que si estás continuamente con pensamientos negativos, quejas o lamentaciones estás atrayendo a tu vida precisamente lo que no quieres.

¿Entiendes la dinámica?

Con todo esto resulta más que evidente que si no estás disfrutando de la vida que quieres es porque estás enfocada continuamente en lo que no quieres.

¿No te lo crees?

Haz dos cosas:

* Apunta diariamente tus pensamientos y emociones durante al menos una semana y verás cuáles dominan tu día a día. Aquí puedes hacer uso de tu *diario emocional* pero de forma más constante.

* Cuando tomes conciencia de que no estás en la vibración que necesitas para obtener la vida que quieres, empieza a trabajar la Ley de Atracción poniendo atención, energía y foco en lo que realmente quieres.

* *Querida guerrera,* el error que cometemos cuando empezamos a trabajar sobre esta ley es que creemos que si pensamos en algo y hacemos un par de cosas a su favor durante cuatro ratos se producen los milagros.

Si estás pensando que con el mínimo esfuerzo vas a conseguir todo lo que quieres siento decirte que no funciona así. No es tan fácil.

Una vez aclarado este punto, vamos a profundizar para que por lo menos crees los cimientos y puedas incorporarla a tu vida.

CLAVES PARA ENTENDER LA LEY DE ATRACCIÓN

* Es una ley y, tanto si crees que funciona como si no lo crees, está funcionando continuamente.

* Lo que pasa de manera constante por tu mente es lo que atraes. Si cambias tus pensamientos cambiarás tu realidad. Somos como imanes y atraemos lo que pensamos. Atraemos a nuestra vida nuestro pensamiento dominante. Si piensas en lo que no deseas atraes más de lo mismo.

* Si te enfocas en la enfermedad atraerás enfermedad, si te enfocas en la salud atraerás salud. Cambia el pensamiento y atraerás lo que quieres. Es tu decisión. TODO en tu vida lo has atraído, acepta este hecho porque es una realidad.

* Los pensamientos generan creación. Si vinculas tus pensamientos a emociones poderosas vas a agilizar tu creación.

* Elige los pensamientos continuamente, eres la obra maestra de tu vida.

* Cada pensamiento tiene una frecuencia. Los pensamientos envían una energía magnética y de vuelta recibirás las vivencias acordes a tu vibración.

* Esto no es solamente un deseo, lo tienes que sentir como si ya lo estuvieras viviendo. Un deseo sin emoción, sin sentirlo ni vivirlo, se queda en un deseo para siempre. Obtienes exactamente lo que estás sintiendo.

* Es importante tener claro que los pensamientos no se manifiestan de forma inmediata. Imagina que pensaras en un dinosaurio y apareciera en tu casa. Afortunadamente no funciona así.

* Lo que sientes, piensas y manifiestas está interrelacionado, no hay excepción, es una ley.

* No pienses en CÓMO el Universo se las va a arreglar para que obtengas lo que quieres. Olvídate. Dedícate a cambiar tus pensamientos y emociones. Dedícate a hacer tu parte y el Universo hará la suya.

* Fija un objetivo imposible, que sea grande y decide que puedes tenerlo y que te lo mereces.

* El Universo es una fuente inagotable, no pienses que si pides mucho no habrá suficiente para todos. Esto es una creencia muy

arraigada que tenemos. Deshazte de ella. HAY PARA TODOS Y EN ABUNDANCIA.

> "La imaginación lo es todo. Es una visión preliminar de lo que sucederá en tu vida."
>
> **Albert Einstein**

¿Qué pasos seguir para empezar a trabajarla?

Lo primero que quiero destacar y considero interesante es que cuantos más sentidos utilices más efectiva será. Te voy a explicar lo que quiero decir con esto.

¿Alguna vez el olor de un perfume te ha transportado a un lugar? ¿Alguna vez una imagen te ha hecho recordar algo importante en tu vida? ¿A qué te resulta más fácil recordar algo que has escrito?

A esto me refiero, utiliza todos los sentidos que puedas.

HÁBITOS PARA TRABAJAR LA LEY DE ATRACCIÓN

* El primero que te recomiendo, y si has leído mi primer libro ya debe formar parte de tu rutina, consiste en **dar las gracias** por la mañana y por la noche por todo lo que tienes. Te di dos ideas para poner esto en práctica, si todavía no lo has integrado hazlo porque es muy potente para conseguir todos tus logros y en el caso de la Ley de Atracción conseguirás tener un estado vibratorio apropiado para empezar a recibir.

*Siempre **invita a tu vida a las cosas que quieres** que ocurran.

Cada vez que quieras algo di:

HOY INVITO A MI VIDA A...

Puede tratarse de una llamada para lograr la venta profesional de algo, recuperar clientes, o de la llamada de un amigo o de darte unos masajes en compañía de tu pareja.

Invita a tu vida a las cosas que quieres recibir y cuenta con ellas, siente que las vas a recibir y acógelas con los brazos abiertos.

* Cambio de paradigma: **Visualiza las situaciones como quieres que sean**, no como son.

En todos mis libros te hablo de esta herramienta tan potente. Entiendo que ya la tienes integrada en tu rutina y estás recogiendo los resultados de tu buen trabajo. Como resumen: Cierra tus ojos y visualiza tener ya lo que deseas y experimenta la sensación de que lo estás disfrutando.

* **Ancla tus deseos a un olor**, puede ser tu perfume favorito o alguno que te produzca una fuerte vibración.

* **Panel visionario o collage de imágenes**. Esta herramienta es super potente, te permite ver todos tus deseos y que se queden grabados en el subconsciente. Pon imágenes de todo lo que quieres tener en tu vida. Míralo cada día y siente que ya has adquiridos estos deseos.

* **Ponte música que eleve tu vibración**, no permitas que tu vibración decaiga.

> "Todo lo que nosotros somos es un resultado de lo que hemos pensado."
>
> Buda

RISOTERAPIA

Querida *guerrera*, una de las cosas que más me gustan en este mundo es reír y cualquier excusa es buena para hacerlo.

Te invito a que la risa forme parte de tu vida.

En cuanto conocí esta técnica de la Risoterapia no me pude resistir. Me encanta y he disfrutado un montón aplicándola en mis talleres porque he visto divertirse y pasarlo de lujo a todos los asistentes, incluso a los más resistentes. En realidad, la disfruto a cada momento porque la he incorporado a mi vida.

¿Qué es la Risoterapia?

Se conoce como Risoterapia a una técnica terapéutica que busca producir beneficios mentales y emocionales a través de la risa. No solamente busca la risa, que ya en algunos casos sería suficiente, también busca el bienestar, suavizar nuestras preocupaciones o aliviar el estrés, entre otras muchas cosas.

Hace un tiempo llevé a cabo un taller con un grupo de chicas que celebraban una despedida de soltera. Siempre empiezo con una meditación y termino con un cuento que lleve algún mensaje. Me encanta aportar recursos que te puedas llevar a casa y vayan más allá del taller.

Al terminar, y después de haberlo pasado genial, porque nos reímos a carcajadas, empezamos a relajar para conectar con nuestra niña interior. Comencé con el cuento y al momento la novia empezó a llorar desconsoladamente: era un ejercicio radical de eliminación de emociones. Por supuesto, le pedí por favor que no contara que había salido de un taller de Risoterapia llorando porque me arruinaba la carrera y acabamos entre risas, como debe ser.

Estos talleres los disfruto muchísimo y recuerdo cada uno con mucho cariño. Para mí es una gran satisfacción ver cómo la gente desconecta absolutamente de las rutinas de su vida diaria y se divierte.

Querida *guerrera*, te cuento todo esto porque en este tipo de taller se liberan muchas emociones y se vive con intensidad: sales de estas dinámicas muy relajada y habiendo eliminado muchas tensiones. Si nunca has probado uno te lo recomiendo 100%.

La Risoterapia, aunque no puede considerarse una terapia, ya que no cura por sí misma enfermedades, es cierto que en muchos casos logra efectos increíbles. Es preventiva y complementaria, además facilita y favorece otras terapias aumentando su eficacia.

Su principal objetivo es que la persona entienda que puede sentirse alegre y feliz y que se trata de una decisión, de cambiar creencias, una cosa para la que, querida *guerrera*, ya tienes muchos recursos.

Las sesiones de Risoterapia en general se practican en grupo, la risa es muy contagiosa y hay que aprovechar ese contagio de persona a persona. Reír en grupo es maravilloso.

Historia de la Risoterapia

"Para estar sano hay que reír al menos treinta veces al día."

Proverbio chino

Aunque se ha puesto muy de moda y esta técnica se imparte en muchos sitios, de lo cual me alegro enormemente, ya desde hace siglos conocemos la importancia de la risa y del sentido del humor.

Hace más de 4.000 años, en el antiguo imperio chino, había unos templos donde las personas se reunían para reír con la finalidad de equilibrar la salud. En la India también existían templos con esta misma idea.

En la Biblia aparece: "Un corazón alegre es como una buena medicina, pero un espíritu deprimido seca los huesos".

En culturas ancestrales de tipo tribal, existía la figura del "doctor payaso" o "payaso sagrado", un hechicero vestido y maquillado que usaba el poder terapéutico de la risa para curar a los guerreros enfermos.

El educador Richard Mulcaster recomendaba la risa moderada como ejercicio y el erudito inglés Robert Burton proponía la risa como método terapéutico.

Pero la Risoterapia actual comienza en 1976 cuando al periodista Norman Cousins le diagnostican una enfermedad incurable de espalda, epicondilitis anquilosante, y es desahuciado por los médicos que le dieron unos meses de vida. Cousins no se hundió. Había leído algunos artículos sobre la influencia de las emociones en el sistema endocrino y se planteó la siguiente cuestión: si los estados de ánimo negativos influyen químicamente para acelerar las enfermedades, ¿pueden los estados de ánimo positivos retrasarlas?

¿Qué hizo Cousins? Lo primero, incluir en sus rutinas el humor. A través de un proyector empezó a ver a diario películas antiguas de los hermanos Marx. Se dio cuenta de que al establecer este hábito podía dormir dos horas seguidas sin dolor. La enfermera que lo atendía, por su parte, le iba leyendo libros de chistes y su estado físico mejoraba progresivamente.

Cousins tomó varias decisiones: para evitar molestar a los demás con sus risas, se fue a vivir a la habitación de un hotel; dejó de tomar medicamentos y utilizó sólo vitamina C (por aquellos años en Estados Unidos nació una corriente que atribuía los efectos positivos de cualquier dolencia o malestar a la vitamina C); e hizo que le inyectaran directamente ácido ascórbico en vena.

Norma Cousins fue mejorando su movilidad y pudo incluso realizar actividades como jugar al golf, montar a caballo o tocar el piano. Lo más sorprendente es que consiguió girar completamente el cuello a pesar de que los especialistas lo consideraban imposible al tratarse de una enfermedad degenerativa.

Querida *guerrera*, por último te cuento que Norman Cousins vivió 26 años y dejó toda su experiencia y legado del "efecto placebo" en su libro *Anatomía de una enfermedad*. Es una autoridad en la influencia de las creencias y estados de ánimo sobre nuestro cuerpo, un gran aporte a toda la sociedad y a todas nosotras para trabajar a fondo en esas creencias, que es una parte importante del trabajo que hemos venido realizando.

Me quedo finalmente con esta frase suya: "Siempre me ha parecido que la risa franca es una buena forma de hacer ejercicio interiormente, sin tener que salir al aire libre".

¿Has pensado que cambios puedes producir en tu vida?

¿Te has parado a analizar que Cousins pudo salir de una enfermedad mortal y degenerativa tomando unas vitaminas e instalando en su vida el sentido del humor?

CON SENTIDO DEL HUMOR LA VIDA SE VIVE MEJOR

Como el propio Cousins dejó dicho: "La gran tragedia de la vida NO es la muerte. La gran tragedia de la vida es lo que dejamos morir en nuestro interior mientras estamos vivos".

Como te decía al principio, desde hace mucho tiempo soy muy risueña, me encanta reír y aprovecho cualquier ocasión para hacerlo, así que me lancé a la Risoterapia sin dudarlo y su incorporación a mi vida me ha producido muy buenos resultados.

Considero que la risa tiene muchísimos beneficios y comparto contigo este poema anónimo que me gusta mucho y que resume lo que te vengo contando:

> Una sonrisa no cuesta nada y produce mucho.
>
> Enriquece a quien la recibe,
>
> sin empobrecer a quien la da.
>
> No dura más que un instante,
>
> pero su recuerdo a veces es eterno.
>
> Nadie es demasiado rico
>
> para poder prescindir de ella.
>
> Nadie es demasiado pobre
>
> para no merecerla.
>
> Una sonrisa da felicidad en el hogar
>
> y apoyo en el trabajo.

Es el símbolo de la amistad.
Una sonrisa da reposo al cansado,
y anima a los más deprimidos.
Reconforta a los desanimados
y es el mejor antídoto contra los problemas.

No se puede comprar, ni prestar, ni robar,
pues es algo que no tiene valor,
hasta el momento en que se da.

Y si alguna vez te tropiezas con alguien
que no sabe o no puede dar una sonrisa
sé generoso y dale la tuya.
Porque nadie tiene tanta necesidad de una sonrisa
como el que no puede dársela a los demás.

Poema anónimo

Beneficios de la risa

Como te decía, a cada momento busco alguna razón para reírme. Querida *guerrera*, es tu decisión, pero ya sabes que en función de donde pongas el foco obtendrás unas cosas u otras.

Ríe y aprenderás a tener una visión distinta y mejor de ti misma, de tus posibilidades y de tu entorno. Empezarás a cambiar puntos de vista, a pensar en positivo, a divertirte, relacionarte, desconectar y olvidarte a menudo de tu día a día.

En los talleres hacemos que la risa fluya a través de juegos y ejercicios físicos y se hacen especialmente evidentes SUS MUCHOS BENEFICIOS.

- Ejercicio: Cuando empecé a trabajar con esta técnica me quedé impresionada al conocer que con cada carcajada se ponen en marcha unos 400 músculos; es sorprendente que algunos músculos del estómago sólo se puedan ejercitar con la risa. Aumenta la actividad muscular, trabajas sobre el abdomen (diafragma), tórax y cara (en la zona orbicular).

- Masaje: Con la risa consigues que los huesos de la columna vertebral y las cervicales se estiren y esto es fantástico porque es donde más tensiones solemos acumular. En mi caso, me sirvió como un recurso más para mi hernia discal.

- Limpieza: Al soltar carcajadas realizas una buena lubricación y limpieza de los ojos, las lágrimas que sueltas se encargan de esta labor. Un dato curioso es que también eliminas toxinas del organismo.

- Oxigenación: Al realizar tantos movimientos también entra el doble de aire en los pulmones y consigues que la piel se oxigene más.

- Felicidad: La risa favorece la producción de endorfinas en el cerebro y esto hace posible que ayude a un buen equilibrio psíquico. Trabajando con la risa recuperas a tu niña interior, que ya ni te acordabas de que existía, y otras partes de ti que habías perdido, relacionadas con la creatividad, la imaginación, la alegría: vuelves a recuperar tu fantástica parte de niña que habías enterrado por tu tiempo invertido sólo en tus obligaciones y por tu dedicación a los demás.

¿Qué trabajamos en los talleres de Risoterapia?

La Risoterapia está muy de actualidad y se utiliza mucho en el mundo laboral y empresarial para la unión de los empleados, para el estrés de los ejecutivos, etc.

Me encanta que en las unidades de pediatría de muchos hospitales existan muchos talleres de payasos y que la risa llegue a nuestros mayores a través de talleres de Risoterapia en centros geriátricos también.

Uno de mis sueños sería inundar el mundo de risas y felicidad.

En los talleres de Risoterapia utilizamos técnicas que combinan música, expresión corporal, bailes, respiración y masajes. Se busca, combinando todos estos recursos y otros, que fluya la risa de forma natural.

Escuché una frase hace tiempo que decía: Sea como fuere, hay que tener en cuenta que la risa es algo muy serio y lo contrario de la risa no es la seriedad, sino el aburrimiento.

Triple enfoque:

1. Lúdico

* Diversión

2. Terapéutico:

* Prevención
* Curación
* Anestesia

3. Crecimiento personal:

* Conocerse
* Aprender de uno mismo y de los demás
* Desarrollarse positivamente

MANDAMIENTOS DE LA RISA

Los mandamientos de la risa me acompañan desde hace mucho y los tengo siempre a mano. Viene muy bien recordarlos, puedes ponerlos en la habitación, en el baño, en todos los lugares donde consideres que los vas a tener bien presentes y no se te van a olvidar.

En todos los espacios de mi vida tengo algún objeto que me haga recordar que la sonrisa y la risa es lo mejor y que debo recordarlo.

Como te he comentado a lo largo de esta trilogía *Secretos de una guerrera*, mi trabajo actual no es mi pasión, aunque mis jefes son lo mejor. Estoy "alquilada emocionalmente" y cuando considero que algo me va a hacer perder mi estado emocional, giro la mirada y... ¿sabes lo que tengo siempre a la vista? Una pelotita anti-estrés de esas de goma y de color rojo con una gran sonrisa dibujada en su cara redonda. Una sonrisa que me está pidiendo que sonría.

Utiliza los siguientes *Diez Mandamientos de la Risa* para recordarte el *deber* de sonreír y de reír.

> **LOS DIEZ MANDAMIENTOS DE LA RISA**
>
> NO DEJES PARA MAÑANA LO QUE PUEDAS REÍR HOY
>
> VIVE LA RISA SIN PRISA
>
> QUIEN RÍE PRIMERO RÍE MÁS VECES
>
> ANTES DE DORMIR MUCHO HAS DE REÍR
>
> MÁS VALE UNA RISA TONTA QUE PONER EL CULO EN POMPA
>
> AFORTUNADO ES EL HOMBRE QUE SE RÍE DE SÍ MISMO, YA QUE NUNCA LE FALTARÁ DIVERSIÓN
>
> SONRÍELE A LA VIDA Y ELLA TE SONREIRÁ
>
> UN DIA NO REÍDO ES UN DÍA PERDIDO
>
> HOY PUEDE SER UN GRAN DÍA, DEJA QUE ME RÍA
>
> PASA LA VIDA RIENDO, QUE TE SENTIRÁS ESTUPENDO

El caso de los calcetines desparejados

Querida *guerrera*, ahora quiero compartir contigo algo que me ocurrió y que seguro que te hace por lo menos sonreír. Aunque, prepárate, porque después voy a compartir una anécdota de una compañera y no podrás parar de reír.

Cuando me encontraba inmersa en la escritura de estos libros, vivía un no parar y andaba el día apagando fuegos. Iba de desafío en desafío y en ningún momento permití que las circunstancias me robaran la sonrisa. Mientras trataba de hacer equilibrios entre mi trabajo, mis obligaciones como madre y la redacción de esta trilogía, me decía: No pasa nada, soy una *guerrera* de corazón.

De todos modos, a algo tenía que restar mi tiempo y lo hacía a las tareas domésticas. El caso que, como seguro que a ti también te ocurrirá, el trabajo de casar calcetines es bastante entretenido y tedioso si vas contrarreloj.

Por las mañanas iba a destajo con las tareas para llegar a mi hora a la oficina. Cada mañana, sin excepción, tenía que salir corriendo, como cuando te quemas los pies en la arena de la playa, al montón de los calcetines porque mi cajón siempre estaba vacío. En ese montón rebuscaba sin éxito una pareja de calcetines iguales hasta que decidí que me pondría los dos primeros que salieran a mi paso.

Llevaba más de diez días usando calcetines desparejados cuando compartí esto con un grupo de mujeres emprendedoras del que formo parte y una de ellas me dijo que desde que hizo yoga de la risa jamás los lleva igual, los compra parecidos y ya está. ¡Qué buena idea! Un trabajo menos.

Seguro que compartes conmigo que la lavadora tiene sus enigmas y que da lo mismo el número de calcetines que eches a lavar que a la hora de sacarlos de la lavadora su número siempre es impar. Siempre me he preguntado si, además del detergente, las lavadoras necesitan el material de los calcetines para poder funcionar.

Nunca he logrado desvelar este misterio de la lavadora, pero me he hecho muchas preguntas: ¿Será cuestión de numerarlos o de comprarte quince pares del mismo modelo? Conocí a alguien que se compraba siempre los calcetines en un mercadillo y nunca los echaba a lavar, les daba un único uso; ha sido mi ídolo por mucho tiempo.

Más preguntas sobre este misterio: ¿Sería bueno tener un lugar destinado a los calcetines solitarios en espera de encontrar su pareja? ¿Contratar un detective? Muchas veces me han dado ganas de lavar sólo los calcetines emparejados y quedarme mirando el tambor de la lavadora para asegurarme que no hay nadie dentro queriéndoselos llevar. Intento en todos los lavados que haya calcetines, porque me surge esta duda: si no hay calcetines, ¿se comerá la lavadora mi ropa interior? ¿y si de pronto le entra hambre y se quiere comer mi vestido favorito?

Para mí es un gran misterio que me encantaría resolver. ¿Me ayudas? ¿Sabes dónde van a parar? Lo he comentado muchas veces con muchas personas y sigue siendo un enigma, pero tengo ya mi propia solución... Siempre llevo los calcetines desparejados y me encanta, me produce las primeras sonrisas del día.

¿Sabes una cosa? Ahora me encanta, he roto otro patrón, otra creencia y otra rutina. Por el simple hecho de llevar un calcetín de cada color ya siento que estoy de buen humor. Me encuentro como cuando un niño hace una trastada y enseguida se le dibuja esa pícara sonrisa en su cara. Te recomiendo que lo pongas en práctica: es genial y rentable.

¿Cuántos calcetines tienes en el cajón esperando encontrar su pareja? ¿Cuánto tiempo llevas esperando mover un mueble y que aparezca la pareja de uno que te falta y está ansioso por que le rescates? Pues es tu ocasión, úsalos como te apetezca, deja que se desarrolle tu creatividad.

Algunos días se me dibuja una gran sonrisa resultado de la combinación de calcetines que ha surgido porque es absolutamente fruto de la improvisación. Hace poco llevaba uno negro y otro amarillo, esta vez por lo menos eran los dos tobilleros, porque en alguna ocasión cada uno es de un tamaño también. El caso es que me encantó verme así y me hizo regresar a mi infancia, cuando veía los dibujos de *La abeja Maya*. Te puede parecer una locura pero es una manera magnífica y sencillísima de romper la rutina.

Y ahora lo prometido. Un divertidísimo capítulo de *Tú eres como el ave fénix*, tercer libro de la trilogía *La maternidad tiene un nombre: mamá* de mi amiga Chus Maroto, compañera de escritura. Un capítulo que solamente por el título, *Tira las bragas viejas*, invita a desternillarse.

TIRA LAS BRAGAS VIEJAS

Sí, sí, hay que deshacerse de las bragas viejas. Me muero de risa, pero es cierto. Creo que, por norma general, le damos demasiado uso a las bragas.

Tal vez seas de las que cada dos o tres meses, se compran bragas nuevas y las más usadas las tiran. Si eres de esas, te doy mi **enhorabuena**.

Muchas veces me he preguntado esto:

¿Por qué tardamos tanto en ir a comprar ropa interior nueva?

Luego, nos lamentamos cuando abrimos el cajón de la mesita y suceden estas cosas:

- ¡Jolines! Me quedan justo estas bragas que me aprietan; las otras están descosidas; me pongo estas que están más gastadas; las otras se están secando en el balcón, y las mejores están por lavar.
- Bueno, no voy conjuntada, pero qué más da, si nadie me va a ver.
- ¡Madre mía! Se han dado de sí; estas me gustaban mucho. Bueno, aguanto un poco más porque me encantan.
- ¡Oh, vaya! Estas las manché de sangre y no se ha ido la mancha, pero pueden aguantar un poco más.
- Y a estas se les sale la gomita blanca que llevan en las costuras. A la próxima les doy una puntadita con hilo, y como nuevas. Después, nunca lo haces.

Entonces puedes llegar a decirte:

- De esta semana no pasa que vaya a comprarme bragas nuevas.
- La próxima vez que me las ponga, no las lavo y así las tiro.
- Acabo de tirar las que ya no se sostenían en vida; como no vaya pronto, me quedo sin.
- Cuando lleguen las rebajas, voy a aprovechar y me compro el triple.
- Esta vez sí que me voy a proponer comprarme bragas nuevas y tirar viejas cada dos o tres meses.

Si te suceden algunas de estas cosas, dedica un día a repasar tu cajón de braguitas y tira las que ya no son aptas o las que guardas hace años y no te pones; las que acaban siempre pululando por el cajón.

- ¿Para qué guardarlas más?
- ¿Puede que estés guardando alguna que te guste para cuando adelgaces o incluso para cuándo engordes?
- ¿Cómo te sientes cuando abres el cajón y siempre hay las mismas bragas que traspasan los límites de su uso?
- ¿Por qué no te compras siempre que necesites o te apetezca?
- ¿Qué es lo que te frena?
- ¿Piensas que es algo que no merece la pena?
- ¿Quizás pienses que, como nadie las ve, no es tan importante como la ropa?

Esto también es un buen ejemplo de lo poco que nos queremos muchas veces; del no merecimiento a nosotras mismas.

Nos adaptamos a estas cosas, porque nos continuamos engañando una y otra vez. Ponemos mil excusas para no hacer algo tan simple como tirar unas bragas viejas.

Porque lo consecuencia de tirarlas es que tenemos que ir a comprar bragas nuevas: ir a la tienda, mirar para escoger... y si no nos sentimos bien con nosotras mismas, esto a veces se nos hace un mundo.

¿Sabes por qué?

Porque nos sentimos así:

- Nos vemos gordas, flacas, con muchas formas o pocas...
- Tenemos barriga.
- Tenemos el culo grande, gordo, pequeño, caído, respingón, plano...
- Etc.

Esto nos limita muchísimo a la hora de sentirnos bien con

nosotras, y preferimos aguantar con las bragas que tenemos hasta que no nos queda más remedio que comprar.

Y ¿qué compramos?

Lo más sencillo; que se adapte al pensamiento que tenemos de nosotras mismas. ¿Y qué es lo más sencillo? Pues los típicos packs que llevan seis braguitas. Así vas directa y evitas decirte barbaridades a ti misma, como: no me gusta mi cuerpo, no vale la pena que me compre nada bonito...

Cuando estamos en la tienda, a veces hacemos ver que no vemos los conjuntos tan sexys que tienen; y si los vemos, nos sentimos mal porque ni se nos pasa por la mente que eso nos pueda quedar bien. Pensamos que tal vez sea para algunas privilegiadas que tienen un cuerpo extraordinario al lado del nuestro.

Pero tenemos el deseo y nos encantaría comprar esas prendas tan hermosas. En un momento, nos montamos una historia con la lencería puesta, disfrutando de su tacto, mirándonos al espejo, sintiéndonos admiradas por nuestra pareja y disfrutando y gozando de ese sueño.

También podemos sentirnos culpables por no poder gozar de esas prendas tan bonitas, exquisitas, sensuales, sexys...

... Por alguno de estos motivos:

- No nos gusta nuestro cuerpo.
- Sentimos que gastar ese dinero en nosotras no es correcto.
- Nos hemos gastado dinero comprando un par de packs de seis braguitas y nos mentimos diciéndonos: ya vendré el mes que viene...
- Nos culpamos diciéndonos: como no paro de comer, no merezco sentirme bonita.

El poder de una guerrera

Sea lo que sea, siempre tendremos mil excusas para no querernos a nosotras mismas.

Así, pasan los años, con el cajón lleno de bragas viejas, gastadas, que no usas desde hace años, pero que continúan en ese rincón. Cuando realmente la situación ya no se sostiene más, entonces vas a comprar bragas nuevas.

Si tienes pareja, acabas pensando: con los años que llevamos juntos, qué más da; si ya me tiene muy vista, y para las veces que tenemos sexo...

Te voy a decir una cosa: ¿hasta cuándo te vas a tratar así de mal? Simplemente, con lo que acabas de leer, puedes ver que realmente no te tienes en cuenta a ti misma; no por el hecho de ponerte guapa para tu pareja o no, sino por el hecho de no sentirte como una verdadera **DIOSA**.

A partir de **HOY**, tienes que entender esto y realmente integrarlo. Es de una urgencia extrema para **TI**.

No puedes seguir en este estado de **NO MERECIMIENTO**.

Querida *guerrera*, pues aquí tienes dos ideas locas para incorporar a tu vida y que rompas la rutina. A partir de ahora sacarás provecho a tus solitarios calcetines y con lo que te ahorras en ellos renuevas tus bragas viejas.

BOTIQUÍN RISOTERAPIA

Querida *guerrera*, esta herramienta es un recurso de emergencia, para momentos grises y cuando parece que todo va mal. Es la mejor forma de volver a traer el arco iris a tu vida.

Tienes que llenar este botiquín de elementos que te aseguren que al verlos te van a proporcionar una buena carcajada. Lo ideal es que sea manejable para que acudas a él cada vez que lo necesites, sobre todo si viajas a menudo. Lo puedes hacer tan grande y completo como consideres.

Aquí tienes algunas ideas pero utiliza tu imaginación.

* Película cómica.

* Música que te haga vibrar y saltar.

* Calcetines de colores chillones, divertidos, con dibujos. Existen unos en el mercado que te permiten introducir cada dedo; son de lo más ridículo y tienes garantizadas con ellos unas buenas risas. Como ves, querida *guerrera*, los calcetines son muy socorridos. Recuerdo una vez que acababa de llegar de viaje y sólo me quedaba un par de estos calcetines de dedo. Mientras deshacía la maleta me puse las chanclas sobre ellos y al rato apareció un vecino. Creo que este señor sigue en estado de shock tras verme con semejante glamour: con esos calcetines, las chanclas y mis pantalones piratas.

* Nariz roja, mejor un par de ellas: reír acompañada es mucho mejor.

* Una tableta de tu chocolate favorito.

* Pelucas, cuanto más extravagantes mejor.

* Ropa interior tamaño elefante, tanto masculina como femenina. Si las bragas son de tamaño abuela mucho mejor.

Para el botiquín selecciona aquellos objetos favoritos que te hagan reír y recuerda que sean escogidos y no muchos (mejor calidad que cantidad) para que sea ligero y fácil de manejar.

Una alternativa al botiquín es lo que me gusta llamar: **Maletín Mary Poppins**

Este maletín lo he usado para realizar talleres y si conoces el famoso maletín no hace falta que te diga más. Para las que no lo conocéis deciros que es un maletín que no tiene fin y puedes guardar lo que quieras porque nunca se termina de llenar; es como un saco sin fondo. Este maletín sí que admite todo lo que se te ocurra; querida *guerrera* lo dejo a tu imaginación.

RECUERDA: UN DÍA NO REIDO ES UN DÍA PERDIDO

CLOWN

Una vez realizados los cursos de Risoterapia y después de algún tiempo haciendo talleres en los que todos los asistentes lo pasaban tan bien, quise profundizar más.

Quería darles más, quería tener más recursos para que se rieran más. Además, quería seguir trabajando con mis miedos y encontré la solución ideal.

Si, *querida guerrera*, siempre he sido una miedosa profesional pero he hecho frente a mis miedos. Así que decidí echarle valor y lanzarme a la piscina sin salvavidas.

Los cursos de Clown siempre tenían su muestra final: *Sketches* o pequeñas escenas que mostrar al público con todo lo aprendido. Yo ahí lo pasaba fatal. Con todo lo payasa que era en mi vida real, cuando llegaba el momento de salir con mi nariz roja no había manera. En cualquier otro momento tenía más gracia natural.

Quería vencer el miedo de estar ante al público y me puse frente a él. Tengo muchos miedos pero no dejo que me frenen. Aplico esta máxima a todas las circunstancias de mi vida:

> **Hazlo, y si te da miedo, hazlo con miedo.**

Un miedo que sigo sin superar es montar en avión, no lo puedo soportar y lo paso fatal. Sólo lo hago cuando es estrictamente necesario, pero una cosa tengo clara: mis miedos no van a impedir que disfrute de todas las maravillas que hay en el mundo. De la misma manera no pienso permitir bajo ningún concepto que un miedo frene mi realización personal.

Así que, volviendo al Clown, me obligué y, aunque lo pasaba fatal, me ha servido para superar muchos miedos, desafiar mis límites y no frenarme ante nada.

Ser clown tiene mucho mérito. Es muy complicado hacer reír. Y desde aquí expreso a todas las personas que se dedican a este mundo mi más absoluta admiración.

Tengo una amiga que me hace mucha gracia, porque cuando algo la deja perpleja o boquiabierta dice: "Me he quedado absurda". Pues yo me quedo absurda cada vez que veo una persona en el escenario con esa capacidad de hacer reír.

Bueno, creo que ahora sí ha llegado el momento…

El momento de presentaros a: PROTONA.

La verdad que Protona me hizo pasar muy buenos momentos y la recuerdo con mucho cariño porque fue otro reto en mi vida y otra gran superación.

Recuerdo las horas previas a la exhibición de nuestra muestra y quería que me tragara la tierra. A día de hoy me alegro infinitamente de esta experiencia y aprendizajes y de haber disfrutado de estos momentos de superación.

Protona también ha dejado su esencia en mí y forma parte de esta *guerrera de corazón* que soy en la actualidad. Alguna vez la haré volver.

TERCER FLECHAZO

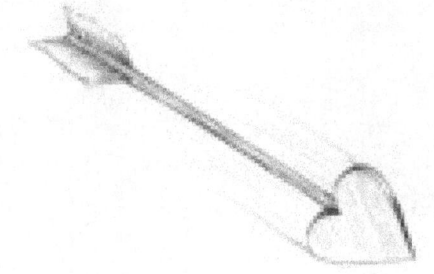

ORACIÓN DE LA GUERRERA DE CORAZÓN

ERES ÚNICA

Soy Guerrera de Corazón.

Consigo todo lo que me propongo.

Mis obstáculos son lanzaderas hacia mis sueños.

Me voy a dar el mejor trato del mundo.

Todo el mundo me trata como me merezco.

Toda mi energía la voy a invertir para trabajar en mi interior.

Voy a ser mi mejor yo.

Atraeré a mi lado a las personas que quiero tener.

Nunca, nunca voy a permitir que me hagan sentir inferior.

Soy capaz de conseguir todos mis propósitos.

Porque yo SOY UNA GUERRERA DE CORAZÓN.

¿QUÉ TIENE EL MUNDO PARA MÍ?

Querida guerrera, como te comentaba en mi primer libro *Secretos de una guerrera:*

> PIENSA EN TODAS LA DE COSAS QUE HAY
>
> EN EL MUNDO PARA HACER Y
>
> EN TODAS LAS COSAS QUE PUEDES HACER
>
> PARA EL MUNDO

Todo lo que te he contado hasta aquí son mis experiencias y aprendizajes. Estos fueron mis recursos. Estas fueron mis tablas de salvación.

Por supuesto, han sido las mías y tú tienes que encontrar las tuyas.

¿Tienes idea de todo lo que hay en el mundo para hacer y todo lo que puedes hacer por el mundo?

Vamos a ver unas cuantas ideas más. Muchas mujeres están esperando que muevas ficha para moverla también ellas. No esperes más. EMPIEZA AHORA, HAZLO AHORA.

Aquí te dejo con algunas sugerencias más.

En lo artístico:

* Bailar
* Cantar
* Actuar
* Pintar
* Esculpir
* Dibujar
* Ilustrar
* Fotografiar
* Diseñar

En la salud:

* Enfermera
* Farmacéutica
* Doctora
* Nutricionista
* Fisioterapeuta

En el mundo del desarrollo personal

* Coach
* Conferenciante
* Escritora

En la enseñanza

* Maestra
* Monitora

En el ocio y el aprendizaje

* Montaña
* Baile
* Idiomas
* Viajar
* Deportes
* Dibujar
* Correr
* Cocinar

En el voluntariado

¿Hay algo más gratificante que estar al servicio de los demás?

En este sentido he tenido varias experiencias y es muy satisfactorio saber que tienes algo entre tus manos que puede ayudar a los demás.

He hecho voluntariado de Reiki y Risoterapia, incluso en eventos para recaudar. *Querida guerrera*, te puedo asegurar que es de las mayores satisfacciones que puedes tener.

Sólo he querido apuntarte aquí algunas ideas, lo más interesante son las que te nazcan a ti. Te dejo a continuación dos espacios para que te prepares tus propias listas.

Belén Diéguez Mora

LISTA DE 50 IDEAS PARA EMPRENDER

LISTA DE 50 ACTIVIDADES DE OCIO

Querida guerrera, seguramente te estarás preguntando por qué una lista de cincuenta opciones, que parece muy larga. Pues tiene una fácil explicación: seguramente las diez primeras te saldrán sin pensar. Justamente lo interesante es que tengas que pensar, buscar e indagar y que de esa manera surja lo que de verdad te nace de tu interior.

No pases al siguiente capítulo sin terminar estos dos listados.

Ya sabes…

EMPIEZA AHORA, HAZLO AHORA

> "El genio se hace con un 1% de talento y un 99% de trabajo".
>
> Albert Einstein

DA ÓRDENES A TU CEREBRO

"Recuerda: la mente es tu mejor músculo. Los grandes brazos quizás puedan mover rocas, pero las grandes palabras mueven montañas. Entrena tu cerebro y llegarás al éxito."

Sylvester Stallone

Querida guerrera, en mi trayectoria, sobre todo en esta última faceta mía de escritora, que es cuando más he tenido que sacar tiempo de donde no lo había, he tenido la fortuna de descubrir este gran recurso.

Me ha dado la vida y me ha permitido obtener mis logros y cumplir mis objetivos sin morir en el intento.

El poder de la mente es infinito, seguramente lo habrás escuchado en multitud de ocasiones, pero no lo has puesto a prueba. Pronto hablaremos más sobre este apasionante asunto.

En el caso de estos libros, los que componen la trilogía *Secretos de una guerrera*, mi mentor me dijo que era tan sencillo como que le diera la orden a mi cerebro. Le creí y lo hice. Ya sabes:

CREER PARA VER

Lo hice, le empecé a dar órdenes concretas a este cerebro mío de todo lo que quería hacer, incluso con fechas concretas, y el milagro sucedió.

Lo que llevaba toda la vida postergando, sobre todo por falta de confianza en mí misma y en mis posibilidades, lo he logrado en apenas unos meses, eso sí, de duro trabajo.

No te voy a decir que el camino haya sido fácil, he pasado por muchos desafíos, he tenido que superar muchos retos, con mi mente intentando regresar cuanto antes a mi zona de confort. Pero esta vez había decidido quemar mis naves de verdad.

Estoy absolutamente satisfecha de todo lo obtenido y doy por buenos todos los momentos duros, porque una vez más he salido fortalecida y no soy la Belén de hace unos meses sino una Belén mejor y más feliz.

Querida guerrera, es muy sencillo. Pide y se te dará, como dice el libro de Esther y Jerry Hicks.

En este proceso, todos los días y a cada momento me dedicaba a dar la orden a mi mente de lo que quería hacer y conseguir. Reconozco que alguna vez he desfallecido pero al día siguiente me encontraba con que tenía que recuperar el tiempo perdido.

Mi forma particular de hacerlo:

- Planificación diaria de todo lo que quieras hacer al día siguiente, según vimos en *Renacer de una guerrera*.

- Por supuesto, a lo largo del día realiza nuestra rutina diaria según vimos también en el segundo libro. Es la forma de mantenerte activa y con la vibración adecuada.

- Aprovecha cualquier momento para hacer visualizaciones cortas sobre lo que más te interese en cada ocasión.

- Antes de acostarte, con la planificación clara de todo lo que quieres hacer al día siguiente, das orden a tu cerebro de lo que deseas, de esta manera te va a llevar a dar todos los pasos necesarios para obtenerlo.

TUS DESEOS SON ÓRDENES PARA TU CEREBRO

- Antes de dormirte escucha una meditación para trabajar lo que más necesites o quieras (autoestima, elevar vibración, el poder de la mente, h'oponopono, etc.).

Querida guerrera, el mayor freno son tus creencias limitantes, atrévete a pasar la frontera y romper el patrón.

TU CEREBRO ES TU ORDENADOR PERSONAL, PROGRÁMALO A TU MEDIDA Y PONLO A TU SERVICIO

Dale orden a tu cerebro que seguimos…

ACTIVA TU PODER INTERIOR DE GUERRERA

"Creo que hay un poder interno que hace ganadores o perdedores. Y los ganadores son los que realmente escuchan la verdad de sus corazones".

Sylvester Stallone

Querida guerrera, todas las personas tenemos un poder interior. Aunque no te lo creas, tú también, sólo tienes que darle al botón ON de tu mente y activarlo.

Me encanta la parte de la frase inicial que dice: "Los ganadores son los que realmente escuchan la verdad de sus corazones".

ESCUCHA A TU CORAZÓN, TE PIDE A GRITOS QUE TE CONVIERTAS EN GANADORA

Activa tu poder interior y ponlo a trabajar a tu servicio, lograrás un caudal infinito de energía para enfrentarte a tus retos y alcanzar cualquier meta que te propongas.

Gracias a tu poder interior notarás que los objetivos son más fáciles de obtener y los desafíos más pequeños y fáciles de saltar.

Se trata de poner a trabajar todos tus recursos internos, cuya existencia quizá hasta desconoces, para ti y tus objetivos.

CUANTO MÁS TRABAJAS

Y MÁS ACTIVAS TU PODER INTERIOR
MÁS SUERTE TIENES

Recuerda todo lo que hemos comentado en el capítulo de La Ley de Atracción: Atraes todo aquello en lo que te enfocas.

Si triunfas, atraerás más triunfos, si estás alegre, atraerás prosperidad y al mismo tiempo habrá otras personas en tu nivel vibratorio y juntas os retroalimentaréis.

LO QUE SIEMBRES VAS A RECOGER

Querida guerrera, compromiso y disciplina son las bases para activar tu poder personal.

El éxito comienza con pequeños actos diarios, recuérdalo y grábatelo a fuego.

Tienes una maquinaria perfecta para hacer todo lo que quieras.

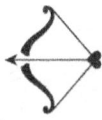

CÓMO MULTIPLICAR TU PODER INTERIOR

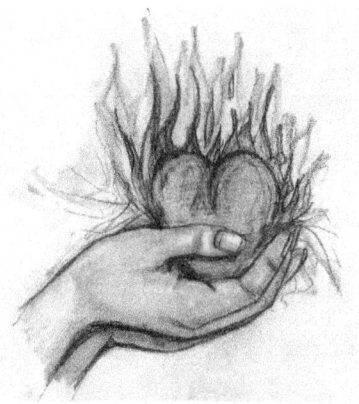

"No importa cuánto das, sino cuánto amor le pones cuando das."

MADRE TERESA DE CALCUTA

Querida guerrera, lo creas o no, dentro de ti tienes un poder excepcional para hacer que las cosas ocurran.

Lo primero es que tienes que creer que esto es así y tener una fe ciega en que puedes conseguir todo lo que te propongas. Una vez más:

CREER PARA VER

Insisto todas las veces que sean necesarias, porque, da igual los pasos que des, si no lo crees posible para ti no lo vas a conseguir.

Hasta que no estuve 100% segura de que podía cumplir mi sueño de escribir estos libros no se hizo realidad.

Cuando eras niña todo era posible para ti, ibas a tener una vida y una pareja de película, la mejor casa, el mejor coche, de hecho no entendías por qué los adultos no hacían realidad estas cosas que parecían tan fáciles.

Cuando eres niña te falta la parte de pasar a la acción para lograr tus sueños y cuando vas creciendo, a menudo, te dejas arrastrar y ya no los crees posibles para ti.

¿Qué hacer?

TENER LA ILUSIÓN DE CUANDO ERAS NIÑA

Y PASAR A LA ACCIÓN HACIA TU OBJETIVO

SIN DETENERTE POR NADA NI POR NADIE

*Dedícate a tu pasión profesionalmente y personalmente.

Esa pasión está en las listas que has preparado tú misma con anterioridad. Si todavía no puedes dedicarte profesionalmente al 100% a tu pasión, te comprendo y precisamente he dedicado un capítulo de este libro para ayudar con esto.

***Analiza tu diálogo interno**

Utiliza tú dialogo interno a tu favor, si te escuchas podrás seguir avanzando, porque responderás a las dudas y preguntas que te haces a ti misma: ¿Qué puedo hacer para lograr mis objetivos? ¿Qué necesito aprender? ¿Qué me impide conseguirlo? ¿Cómo puedo cambiar lo que me está frenando? ¿Cómo tengo que pensar y actuar para ser la persona que quiero ser?

*Hazte preguntas continuamente

¿Los pasos que estoy dando me acercan adonde quiero llegar? ¿Cuál es el siguiente paso que quiero dar? ¿Cómo lo haría esta persona que ya está donde quiero estar?

*Toma acción urgente

Los sueños sin acción sueños son.

Durante toda mi vida he soñado con hacer mis sueños realidad, soñando con que pasara algo en mi vida que me los hiciera lograr y lo único que pasaba era la vida.

Hasta que pasé a la acción y a una acción urgente.

Urgente es urgente, no puede esperar, no hay más opciones. Sólo se vive una vez y la vida se va en un suspiro, exprime cada minuto.

Si planificas tu vida, realizas las rutinas diarias de que hemos hablado y cumples con tus acciones diarias, irremediablemente la bola de nieve de tus resultados cada vez será más grande y tus ganas de hacer cosas también.

LA CLAVE: PON AMOR EN LO QUE HACES

"Cada mañana volvemos a nacer... Lo que hacemos hoy es lo que realmente importa."

BUDA

EL PODER DE LOS PENSAMIENTOS

"La mente es todo, te conviertes en lo que piensas."

BUDA

Querida guerrera, tu mayor enemigo son tus pensamientos.

Nada ni nadie te puede hacer tanto daño como unos malos pensamientos.

Y al contrario, nada te puede hacer tanto bien como unos buenos pensamientos, pensamientos de calidad.

SOMOS LO QUE PENSAMOS

Tener una actitud positiva y unos pensamientos de calidad te va a aportar lo primero de todo muchos beneficios a tu salud.

ACTITUD POSITIVA + PENSAMIENTOS POSITIVOS = EFECTOS POSITIVOS EN NUESTRA SALUD

Cada vez hay más evidencias y resultados de que esto es así. El Dr. Escudero tiene un trabajo espectacular sobre la Noesiterapia o Noesiología, que es la curación por el pensamiento. Te invito a que indagues sobre este tema que es extraordinario. Este doctor, que, a la edad de 80 años, imparte cursos, videoconferencias y atiende a muchísimos pacientes, dice:

"El cerebro es un ordenador biológico que dirige la vida del hombre."

Querida guerrera, el Dr. Escudero es un vivo ejemplo de una persona que se dedica a su pasión.

La Noesiología es un término directamente acuñado por él a partir de la unión de dos palabras: Noesis (acción de pensar) y Logos (estudio). A la aplicación de esta técnica la denomina Noesiterapia, que significa CURACIÓN DEL PENSAMIENTO.

Según el Dr. Escudero la Noesiología se fundamenta en el poder creador del pensamiento y el aprovechamiento óptimo de las capacidades. Cada pensamiento programa el cerebro humano y produce una respuesta biológica; esta respuesta puede ser positiva o negativa según el pensamiento que la puso en marcha.

Me resulta apasionante el tema de los pensamientos y el poder de la mente. Siempre he pensado que si no hubiera aplicado todo esto que hoy trato de transmitirte estaría muy enferma o tendría grandes problemas de salud mental.

Doy gracias todos los días de mi vida por haber encontrado este camino y haber podido elegir ser feliz todos los días de mi vida a pesar de las circunstancias.

> "Cuida tus pensamientos,
> porque se convertirán en tus palabras.
> Cuida tus palabras,
> porque se convertirán en tus actos.
> Cuida tus actos,
> porque se convertirán en tus hábitos.
> Cuida tus hábitos porque se convertirán en tu destino."
>
> Mahatma Gandhi

¿Me acompañas en este camino?

AMOR INCONDICIONAL

"La última lección que todos debemos aprender es el amor incondicional, el cual incluye no sólo a los demás, sino también a nosotros mismos."

Elizabeth Kübler-Ross

Querida guerrera, no tengo más remedio que hablar de esto, el amor incondicional.

La primera vez que escuché este concepto fue a mi maestra de Reiki. No se me olvidarán nunca sus palabras: "Belén, la vida me lo ha mandado para que aprendiera lo que es el amor incondicional."

Aunque al principio no le presté la atención que debería, lo cierto es que por mucho tiempo este concepto resonaba en mi cabeza.

El amor incondicional es una fuerza muy poderosa, quizá la fuerza más poderosa que existe en el mundo.

En muchos momentos crees sentirlo, sobre todo cuando eres madre. También he hablado de esto como el sentimiento que reconozco en mi mascota hacia mí.

Imagínate amar y ser amada sin condiciones, hagas lo que hagas.

Si lo piensas bien, todas las personas merecen ser amadas.

La forma más fácil de practicar este sentimiento en todo

momento es sentir lo que siente una madre por sus hijos: Una madre quiere sin condiciones y un hijo es lo más importante del mundo.

Si lo ves desde esta perspectiva, es una buena forma de practicar el amor incondicional (una práctica muy común en las terapias alternativas) porque, *querida guerrera,* el mismo término lo dice:

AMAR SIN CONDICIONES

Dedícate a amar por el placer de hacerlo y primero:

ÁMATE INCONDICIONALMENTE

> "Amar incondicionalmente a alguien no significa darle tu tiempo incondicional. A veces, amar completamente significa no volver a ver a alguien nunca más. Esto también es amor. Esto es darle a alguien la libertad de existir y ser feliz, incluso si debe serlo sin ti."
>
> Vironika Tugaleva

CREER PARA VER

"No hay que ver para creer, sino creer para ver. Si no crees en el mal, no lo verás. Cuando crees en la magia de la vida, lo imposible se hace posible."

RICARD LÓPEZ

Querida guerrera, hasta que llegué a las terapias alternativas me he pasado la vida actuando al revés: necesitaba ver para creer.

Ahora tengo la certeza de que en cuanto le he dado la vuelta y me he dedicado a creer para ver han empezado a llegar los resultados.

En cuanto a ti, a estas alturas ya eres poderosa, ya tienes un recorrido y ya tienes una perspectiva muy diferente a la que tenías cuando empezamos a caminar juntas en mis libros.

Te preguntarás por qué lo sé. Muy fácil: Estás usando los recursos que me han permitido conseguir mis logros.

Esto no ha hecho nada más que empezar, estos últimos capítulos dedicados a la mente tienen una fuerza que ni te imaginas.

"Lo veré…cuando lo crea."

WAYNE DYER

Querida guerrera, cree y pon en práctica todo lo aprendido y a la vuelta de unos meses tu vida habrá dado un giro de 180°.

¿Te puedo pedir un favor?

En cuanto esto ocurra cuéntamelo, soy feliz viendo cómo las personas alcanzan su crecimiento y felicidad.

Ya sabes dónde encontrarme:

guerreradecorazon@belendieguez.com

Estoy impaciente porque me cuentes tus éxitos y que formes parte de nuestro Círculo Guerrera de corazón. Al final del libro te voy a recordar cómo puedes pertenecer a él.

OCHO FORTALEZAS DE UNA GUERRERA

"La fuerza no viene de la capacidad física. Viene de una voluntad indomable."

Mahatma Gandhi

De todas las fortalezas de una *guerrera* como tú y y como yo estas ocho son las que he querido destacar por su utilidad a la hora de emprender y las que te invito a que utilices en tu favor:

Somos incansables. Una *guerrera* tiene una capacidad multitarea inagotable, es una luchadora innata con una gran resistencia física que aún desarrolla más su capacidad por las responsabilidades diarias a las que se enfrenta: hogar, hijos, trabajo, etc.

Estupendas administradoras. Acostumbradas a llevar la economía doméstica y atender todos los gastos. Se trata de un valor añadido a nuestro deseo de conseguir los resultados que queremos y obtener nuestros logros.

Muy buenas comunicadoras. Capaces de simplificar el conocimiento, emocionar a través de historias, ofrecer solución a problemas, satisfacer la demanda de otros, reinventarse y evolucionar. Además, tenemos un gran interés por las nuevas tecnologías.

Tenemos una gran creatividad. Un gran talento natural con una gran flexibilidad, valorando que todas las situaciones tienen más de una solución. Curiosas desde la más tierna infancia, con un fuerte motivación y una actitud muy positiva.

Maestras de la perseverancia. Llevamos a cabo lo que nos hemos propuesto, alcanzamos nuestro objetivo poniendo el esfuerzo, el tiempo y el sacrificio necesarios. Tenemos una motivación tan alta que nos impide abandonar los proyectos que hemos comenzado y nos da la fuerza para llegar hasta el final. En muchos casos las dificultades nos hacen más fuertes, nos engrandecen y consiguen que redoblemos los esfuerzos.

Gran capacidad para empatizar. Nuestra elevada sensibilidad hace que nos preocupen los sentimientos y problemas de los demás. Nos gusta escuchar y ayudar, prestar atención y mostrar interés, en definitiva, ponernos en los zapatos de los demás.

Muy buenas negociadoras. Es algo que nos gusta y nos hace sentir cómodas. No nos dejamos vencer y si algo no funciona ponemos en marcha el plan B, C o Z.

Precavidas y astutas. Ser precavidas es una muy buena cualidad, asumimos los riesgos necesarios pero sin sobrepasar límites, tendemos a analizar profundamente las circunstancias valorando las distintas alternativas y actuamos con medida para evitar un riesgo innecesario. Esto, añadido a la astucia para lograr nuestro propósito con una gran intuición para advertir cuando se puede caer en una trampa, nos hace ser muy válidas para emprender.

QUERIDA *GUERRERA*,

APROVECHA TODAS TUS FORTALEZAS

Y UTILÍZALAS A TU FAVOR,

NI TE IMAGINAS TU PODER

¿MIEDO A QUÉ?

Querida guerrera, seguramente te estén rondando un montón de miedos por la cabeza. Te entiendo perfectamente porque he estado paralizada por el miedo mucho tiempo.

Te repito la pregunta: ¿Miedo a qué?

Hace mucho tiempo escuché: "El Universo te manda lo que necesitas" y puedo asegurar que es verdad porque todo esto es prueba de ello.

El miedo es un gran enemigo cuando pretendes crecer, el miedo paraliza y bloquea, lo que impide que puedas avanzar hacia tus objetivos.

Uno de los miedos más frecuentes es hacer compatible tu trabajo actual, tu medio de vida principal, que te aporta los ingresos que necesitas, con lo que quieres emprender. ¿Qué hacer?

Muchas veces nos quita el sueño este asunto, lo consultamos, valoramos los pros y contras y con frecuencia no llegamos a ninguna parte. Pero hay opciones.

Compatibilizar la actividad que quieres emprender con tu trabajo - Es la opción más segura porque te ocasiona menos riesgo, pero, al mismo tiempo, es la que te produce un mayor desgaste porque no se puede alargar demasiado en el tiempo sin que pase factura a tu bienestar físico.

Pedir excedencia en tu trabajo - Esta opción no está al alcance de todo el mundo, primero porque a lo mejor no tienes ni la opción o, si la tienes, pones en peligro tu puesto o simplemente no te lo puedes permitir. Es la opción más cómoda pero la más costa. Aunque muchas veces es cuestión de echar números, ponerse metas y ver cuánto tiempo nos costaría poder obtener los beneficios que necesitamos para poder llevarlo a cabo.

Pedir la cuenta en tu trabajo - Esta es la que más asusta porque es en la que corres más riesgos. Por otro lado, es la que te permite realizar la actividad de tus sueños con más comodidad. El riesgo es que no salga como esperabas.

Hablo en primera persona de la primera opción que, por otra parte, me parece la más indicada para empezar cualquier proyecto personal. Para que tengas que estar el menor tiempo posible compatibilizando las dos actividades y que resulte menos duro es imprescindible:

Planifica tu tiempo - Tienes que saber el tiempo diario disponible para realizar la actividad que quieres. Una vez que sabes el tiempo lo tienes que repartir entre todas las labores que requiere el desarrollo de esta actividad.

Haz una lista de todo lo que tendrías que hacer - Tienes que tener claro todo lo que tendrías que hacer para sacar adelante tu proyecto.

Prioridades - Dedícale a cada labor el tiempo proporcional según la rentabilidad que te va a aportar.

Ponte objetivos y metas - Es imprescindible para que estés en movimiento. Tienes que saber lo que quieres conseguir a corto, medio y largo plazo.

Haz todos los días algo que te acerque hacia tu objetivo - Todos los días tienes que dedicarle un tiempo para seguir avanzando adonde quieres ir.

Lee a personas de éxito que ya estén disfrutando lo que quieres conseguir - Te aporta una información muy valiosa y te mantiene en continuo contacto con lo que quieres.

Céntrate en lo que de verdad importa - No pienses solamente en la parte profesional, piensa por qué, para qué y para quién lo quieres conseguir: tener más tiempo para tu familia, mayor calidad de vida, poder ayudar a gente necesitada... La parte no material de tu proyecto es la realmente importante y la que te va a dar la fuerza para seguir adelante.

Ten claro lo que te gusta y te hace feliz - Sobre todo tienes que dedicarte a algo que te guste de verdad, que sea tu pasión, que te haga perder la noción del tiempo cuando trabajas en ello. Esto es muy importante para poner toda la carne en el asador.

Pero desde luego, elijas la opción que elijas, al margen de las piedras que te encuentres en el camino, tienes que tener en cuenta que:

> "El fracaso más grande es nunca haberlo intentado."
>
> PROVERBIO CHINO

¿Sabes cuánto vales en realidad?

> "El pensamiento es la semilla de la acción."
>
> RALPH WALDO EMERSON

CUARTO FLECHAZO

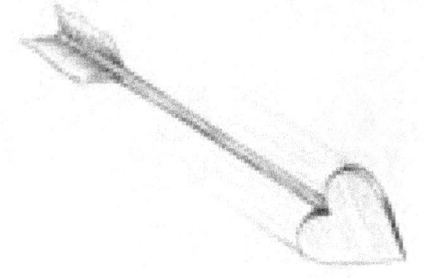

ORACIÓN DE LA GUERRERA DE CORAZÓN

ERES ÚNICA

Soy Guerrera de Corazón.

Consigo todo lo que me propongo.

Mis obstáculos son lanzaderas hacia mis sueños.

Me voy a dar el mejor trato del mundo.

Todo el mundo me trata como me merezco.

Toda mi energía la voy a invertir para trabajar en mi interior.

Voy a ser mi mejor yo.

Atraeré a mi lado a las personas que quiero tener.

Nunca, nunca voy a permitir que me hagan sentir inferior.

Soy capaz de conseguir todos mis propósitos.

Porque yo SOY UNA GUERRERA DE CORAZÓN.

¿QUÉ VIENE AHORA?

Ya conoces el poder de los pensamientos, cómo multiplicar tu poder interior, tus fortalezas de *guerrera* y hemos aclarado tus miedos.

Ahora toca insistir en la práctica y unas últimas recomendaciones para que vueles hacia tu libertad.

Los siguientes capítulos tienen formas muy gráficas para que sea más fácil integrar todo lo aprendido. Todos y cada uno de ellos insisten en lo aprendido, porque considero que esa insistencia es fundamental.

Como dice mi mentor:

SE APRENDE POR REPETICIÓN

Y ALTO IMPACTO EMOCIONAL

La repetición es lo que voy a trabajar en estos capítulos y deseo que sus títulos e historias se te queden grabados.

Vamos a por ello.

VALE MÁS UN KILO DE PRÁCTICA

"Vale más un gramo de práctica que una tonelada de teoría."

MAESTRO SIVANANDA

Querida guerrera, como todos los proverbios, el que acabas de leer contiene toneladas de verdad.

Muchas veces estamos sólo pensando en aprender, conocer, investigar y documentarnos sobre infinidad de cosas que nos interesan, pero nunca llevamos lo aprendido a la práctica y nos lamentamos de que no salimos del círculo vicioso donde nos encontramos.

Si no te mueves, no avanzas, y tienes que moverte y avanzar con los tiempos. La informática, internet y todos los medios que tenemos hoy en día nos dan muchas facilidades para poner en práctica todo lo que se nos ocurra.

Hay una frase que refleja muy bien lo que te quiero explicar:

"Los analfabetos del siglo XXI no serán aquellos que no saben leer y escribir, sino aquellos que no puedan aprender, desaprender y reaprender."

ALVIN TOFFLER

Esta es la esencia de lo que te quiero transmitir y es la base para no quedarse estancado en lo que somos y alcanzar lo que queremos ser.

Los esfuerzos deben ir encaminados no a ser el mejor, sino a ser diferente. Utiliza la energía para descubrir en qué puedes ser diferente. Olvídate de las excusas típicas: "Llevo toda la vida haciendo lo mismo" o "Hay que esperar, ya vendrán tiempos mejores". No, no y no.

Hay que hacer cosas diferentes para obtener resultados diferentes, el tiempo mejor es ahora, que es el que tenemos de verdad; el ayer y el mañana no son nuestros.

Y si fracasas, genial, te levantas y vuelves a empezar. Todo el mundo fracasa, es prácticamente la norma de los que emprenden algo diferente, porque: si no fracasas no aprendes, si no aprendes, no cambias; y, si no cambias, no vas a ponerte a hacer cosas diferentes.

Querida guerrera, he pensado en dejarte aquí unas reflexiones sobre temas que hemos tratado que te van a venir bien para invitarte a actuar.

* Piensa en todas las cosas que sabes, conoces y controlas. En todo lo que se te da bien y qué poco partido y rentabilidad le sacas hoy.

* ¿Has pensado que a muchas personas les podría venir bien tu ejemplo y ayuda?

* Piensa en qué haces con todas tus habilidades. Haz una lista con ellas.

Si son habilidades de las que no eres muy consciente, seguro que las puedes descubrir hablando con las personas de tu entorno. Pregúntales directamente qué piensan que haces mejor que los demás.

Después haz una selección de las que más te gustan y las que harías incluso gratis.

Ponte manos a la obra: plan de acción y práctica diaria.

Repasa todos los ejercicios de los dos libros anteriores de esta trilogía que están enfocados a trabajar tu *kilo de práctica.*

Como colofón, te dejo una historia que demuestra que los límites los tenemos en la mente:

Como sabes, llevo bastante más de media vida leyendo y trabajando sobre crecimiento personal, me apasiona y gracias a todo esto conseguí salir del agujero donde me encontraba en una etapa de mi vida.

¿Recuerdas que me engañaron dando a la sobrina de un jefe mi puesto de trabajo? En realidad, estaba a dos calles y unas semanas de empezar a trabajar donde todavía lo hago en la actualidad, con unos jefes maravillosos a los que siempre agradeceré que me dieran mi gran oportunidad.

En aquella época estaba inmersa en las lecturas y cursos de Dale Carnegie y esperando ser entrevistada,

En aquel momento, ayudada seguramente por Carnegie, me armé de valor: quería el puesto más complicado porque había que romper el patrón.

Había dos puestos para cubrir: Administrativa y conductor. El puesto de conductor me permitía hacer algo diferente, el sueldo era mayor y estaba harta de hacer de administrativa.

Los jefes de la empresa, el director ejecutivo y el director financiero intentaron sutilmente dirigirme al puesto para el que me creían más adecuada, pero no contaban con mi poder interior: Quería cambiar, quería retos, quería salir de mi zona de confort.

Ya conocéis el resultado. Me dieron el puesto de conductor en una empresa en la que tradicionalmente las mujeres no hubieran ocupado nunca ese puesto.

Todavía doy gracias porque no me hicieran un examen de calles porque no sabía ni salir de allí.

Querida guerrera, ¿qué te quiero decir con esto? Fui decidida, utilicé todo mi poder mental y todos mis recursos.

Ese puesto que ocupé por casi tres años me permitió crecer, superar muchas dificultades y retos y lo mejor es que: LO LOGRÉ.

EXISTE UNA SOLA REALIDAD

Y MUCHAS INTERPRETACIONES

Hay oportunidades en todos lados. Si somos pacientes, encontraremos a las personas correctas, nos moveremos en los círculos correctos y nos encontraremos con las soluciones correctas.

TODO EMPIEZA CON ABRIR NUESTRA MENTE

Mira esta frase de Einstein que dice: "La mente que se abre a una nueva idea jamás volverá a su tamaño original."

DISEÑA TU ESCENARIO IDEAL

"No es suficiente saber lo que quieres hacer. Tienes que hacerlo para ser lo que quieres ser."

Paulo Coelho

Todo negocio, proyecto o actividad que quieras emprender necesita un plan de acción bien redactado que te ponga rumbo adonde quieres ir.

Lo primero es describir con todo lujo de detalles lo que quieres hacer y conseguir.

Por supuesto, preparar un mapa para llegar hasta allí.

Tener una visión continua de cómo quieres estar en el próximo año, dentro de tres y dentro de cinco.

Establece un plan bien escrito, como hemos visto a lo largo de esta trilogía, acompáñalo de una *visualización* diaria de lo que quieras lograr e incluye todos los detalles como si ya fueran una realidad. Esta práctica ya sabes que es aplicable para todo: desde adelgazar hasta montar tu propio negocio.

Es muy importante pasar algún tiempo en soledad cada día, sí, *querida guerrera*, cada día.

En ese momento del día con nosotras mismas, repasando nuestro escenario ideal, teniendo en cuenta que nos vamos a encontrar con situaciones adversas, pero con la mentalidad de que frente a cada obstáculo puedes salir reforzada.

Tienes que ser tú la que escriba el guion de tu película y la que elija las escenas y actores que van a ser claves en ella.

Suena la claqueta y...

... Te dan la oportunidad de elegir los personajes y las escenas que quieres para la película de tu vida, tienes la oportunidad de elegir tu escenario ideal.

Vas eligiendo los personajes:

La Sra. Idea

El Sr. Plan de negocio

Dª Visión de futuro

Dª Adversidad

La Sta. Planificación

Los gemelos obstáculos

Las gemelas decisiones

Las escenas principales:

¿Dónde vas a estar dentro de un año?

¿Y dentro de tres?

¿Y dentro de cinco?

Lleva a cabo la *visualización* de cómo se va a desarrollar todo: cada escena con imagen, sonido, olor y color, como si lo estuvieras viviendo en ese momento.

¿Cuál es tu plan?

¿Con qué adversidades te puedes encontrar teniendo en cuenta tu elección?

¿En qué te vas a basar y qué prioridades vas a tener para tomar tus decisiones?

Esto son solo algunas ideas, elige a tus personajes, escenas, actores secundarios, todo lo que necesites para que realmente sea tu escenario ideal.

Querida guerrera, tú, y solo tú, eres la que puedes y debes escribir el guion de la película de tu vida.

DIVIÉRTETE, JUEGA, DISFRUTA

ESTÁS TRABAJANDO EN TU PASIÓN

Nos vemos en el rodaje.

ENRIQUECE Y CRECE

Hay un slogan de publicidad de una conocida marca de alimentación que dice: "Cuece y enriquece". Me encanta, porque le doy siempre otro sentido y hoy me he decidido a compartirlo contigo.

SI LO QUE HACES TE ENRIQUECE, CRECES.

La manera de confirmar si te estás enriqueciendo y eso te va a permitir crecer es hacerte una serie de preguntas como estas:

¿Lo que hago me hace utilizar mi talento y recursos?

¿Me anima e incita a seguir preparándome y dar todo de mí?

¿Me dedico a aprender cada día cosas que me sean de utilidad?

¿Utilizo la mayor parte de los recursos que tengo?

¿Me ocupo de reciclarme y ampliar mis conocimientos?

¿Es útil mi trabajo para los demás?

¿Estoy rodeada de personas que tienen los mismos objetivos?

¿Aprendo algo nuevo, cada semana, quincena o mes?

Si te despiertas por la mañana con el firme propósito de que tu vida sea diferente y mejor, de evitar la monotonía, de aprovechar tus recursos... El crecimiento viene a continuación.

Para conseguir todo esto, tienes que hacer todo un trabajo de introspección, saber realmente qué te gusta y a qué te quieres dedicar y añadir disciplina, enfoque y trabajo, trabajo y trabajo.

Si de momento no te dedicas a lo que te gusta, enriquece tu trabajo, haz que sea más divertido, adórnalo, ponle todo lo que te motive.

Muchas veces el trabajo que realizamos se convierte en un verdadero tostón, pero está en tus manos que el recorrido sea mucho más ameno y prometedor.

Enriquece, crece, cuece o haz lo que quieras, pero, sobre todo, no mires atrás ni para coger impulso.

> "La aventura de la vida es aprender.
>
> El objetivo de la vida es crecer.
>
> La naturaleza de la vida es cambiar.
>
> El desafío de la vida es superarse.
>
> La esencia de la vida es cuidar.
>
> El secreto de la vida es atreverse.
>
> La belleza de la vida es dar.
>
> La alegría de la vida es amar".
>
> William Ward

ABRE EL PARAGUAS

"No esperes que pase la tormenta, aprende a bailar bajo la lluvia."

PROVERBIO SUFÍ

Querida guerrera, mientras pasa la tormenta, abre el paraguas.

Todos tenemos días que desearíamos borrar del calendario. Todas las estrategias y recursos aprendidos juntas en estos libros nos van a venir genial para vencer estos días.

Cada día acumulas vivencias y experiencias que te van marcando. Si tienes un mal día y acumulas experiencias negativas, éstas van dejando huella y mermando tu energía. Lo importante en este punto es no dejar que te afecten las circunstancias: Enfadarse o sentirse bien es una pura elección que depende de nosotras.

Además, muchas veces tu entorno te pone palos en las ruedas. Si añades a las situaciones esa resistencia de las personas, te ves nadando a contracorriente como el salmón que te contaba en *Secretos de una guerrera*. Pero dice un refrán: "No ofende quien quiere sino quien puede" y viene muy al caso.

Soy consciente de que cuesta incorporar esta manera de enfocar las cosas pero merece la pena el esfuerzo. Si vamos acumulando malas experiencias llega un momento que no somos capaces de gestionarlas y nos pasan factura.

NO PODEMOS DAR EL PODER A LOS DEMÁS
NI A LAS CIRCUNSTANCIAS
DE NUESTRO BIENESTAR

Es nuestra elección sentirnos bien y decidir que nos da igual lo que pase, lo que nos digan, lo que hagan o piensen los demás: No nos van a fastidiar el día y mucho menos la vida.

> Tenemos el poder de elegir qué hacer con lo que nos llega y en qué medida dejamos que nos afecte.

Debemos adornar nuestra vida de personas, circunstancias y situaciones que nos permitan vivir cada momento con total intensidad.

Mientras escribía esto venía a mi mente una imagen de un paraguas parando el golpe de algunas situaciones y relaciones y me resulta muy gráfico utilizarlo cada vez que siento la necesidad.

A partir de ahora en cada adversidad, abre tu paraguas y para la tormenta de tu vida.

EL MEJOR PARAGUAS
ES UN SUEÑO QUE TE IMPULSA A VOLAR

BUSCA LUZ EN TU VENTANA

La vida no es siempre de color de rosa, ni un cuento de hadas. Muchas veces no es como te gustaría, ni mucho menos como la habías soñado. ¿Cómo te puedes enfrentar a los duros momentos que atraviesas en algún momento de tu vida?

Lo primero es dejar de ser espectador y pasar a ser protagonista, de esta manera podrás tomar las riendas de tu vida.

- Todas las dificultades, bienvenidas sean, porque gracias a ellas aprendes y creces.
- Los obstáculos te permiten coger más fuerza y empuje para desafiarlos.
- Todo lo que te ocurre es porque el Universo, Dios o un ser superior, según tus creencias, sabe que estás preparada para enfrentarte a ello.

A mí me encantan las frases, alimento mucho mi mente con ellas y me permiten salir de los momentos menos buenos. Cuando tengo un momento bajo acudo a ellas y me reconfortan muchísimo.

Una que leí recientemente de alguien anónimo decía:

"Efectivamente, tienes que hacerte fuerte de tal manera que no permitas que las circunstancias externas afecten a tu felicidad. Tu situación actual no es definitiva, es solamente un paso o transición hacia lo que realmente quieres conseguir."

Enriquece tu mente con las cosas más bellas del mundo: los besos, los abrazos, los rayos del sol, una ráfaga de brisa en la cara, la sonrisa de un niño, la compañía de tus seres queridos... Estas son las cosas que merecen la pena de verdad, por las que hay que vivir con total intensidad, las cosas que se sienten en el corazón.

Utiliza el poder que te aportan las cosas importantes del día a día para recargar tus pilas.

Rodéate de gente positiva, de las personas que siempre están sonriendo, que siempre están con ganas de disfrutar buenos momentos, gente enamorada de la vida y que son las que le dan sentido.

Si aprovechas toda la energía que te brindan esos momentos, puedes brillar como una estrella.

Puedes hacerlo, cree en ti, apóyate en todo lo bueno a tu alrededor para coger fuerza: acuérdate que eres importante, que eres capaz. Sólo te falta tomar la decisión y hacerlo ahora. Justo en este momento, ni luego, ni mañana: AHORA.

Si las fuerzas te flaquean BUSCA LUZ EN TU VENTANA. Asómate, mira las estrellas, piensa en todas las personas que han conseguido grandes logros y, si te quedas sin ideas, piensa en qué harían ellas.

Fórmate, aprende, sé humilde, échale ganas, ilusiónate, saborea cada momento y disfruta de cada peldaño de tu escalera.

¿Qué recursos de todos los aprendidos en esta trilogía *Secretos de una guerrera* vas a poner en práctica?

El poder de una guerrera

_____
_____
_____
_____
_____
_____
_____
_____
_____
_____
_____
_____
_____
_____
_____

Querida guerrera, sobre todo, recuerda siempre que:

LO MEJOR ESTÁ AÚN POR LLEGAR.

CUANDO UNA PUERTA SE CIERRA, OTRA SE ABRE

"Cuando una puerta de felicidad se cierra, otra se abre, pero muchas veces miramos tanto tiempo la puerta cerrada que no vemos la que se ha abierto para nosotros."

Helen Keller

Con esta frase me tropecé hace tiempo, me parece muy representativa de muchas situaciones en las que nos encontramos.

Está claro que si tenemos una puerta abierta debemos agotar todas las posibilidades antes de cerrarla, pero, una vez que hemos decidido cerrarla, aunque temporalmente el miedo nos paralice, que es normal, enseguida debemos pensar en abrir la siguiente. Quedarnos un breve tiempo mirando la puerta cerrada entra dentro de lo normal, pero sólo y exclusivamente lo justo y necesario.

Cuando una puerta se cierra debes considerarlo como una nueva oportunidad que se te presenta: simplemente es un contratiempo que te va a dar nuevos recursos y capacidades para seguir abriendo puertas y llegar todo lo lejos que te propongas.

Hay que estar preparada para abrir la siguiente puerta, una ventana o cualquier resquicio que puedas encontrar y te sirva. Hay que estar siempre abierta a nuevas experiencias y explorar nuevas posibilidades. La mejor manera es creer en ti y aferrarte a todos los recursos que tengas disponibles para conseguir tus propósitos.

Siempre tienes que estar preparada para abrir una nueva puerta, si no estás receptiva es muy posible que tengas muchas buenas posibilidades de ti y ni siquiera estés preparada para reconocerlas.

A partir de ahora tienes que:

ESTAR ATENTA A CUALQUIER PUERTA ABIERTA

ES LA QUE TE VA A LLEVAR A LAS SIGUIENTES

LO QUE NO PUEDAS CAMBIAR, DÉJALO ESTAR

Hace unos cuantos años que empecé a trabajar con terapias alternativas y crecimiento personal. Ya te hablé de mis inicios y de una amiga que fue la principal culpable y a la que no puedo dejar de agradecer cada minuto de mi vida la oportunidad que me brindó hablándome de todo esto. Mi agradecimiento a su paciencia infinita, porque yo era muy reacia, y a su tranquilidad para irme explicando y transmitiendo la gran eficacia de todas estas terapias.

En una de las muchas conversaciones que teníamos entonces y en las que me ayudaba a ir superando los obstáculos de mi vida personal en aquel momento, que no eran pocos, esta amiga me dijo una frase que se me ha quedado grabada para siempre y que resume sus buenas enseñanzas. En aquel tiempo yo me encontraba en bucle, en una situación sin salida, y ella me dijo:

"Lo que no puedas cambiar, déjalo estar."

No os podéis imaginar de las malas experiencias que me ha sacado esta frase y la cantidad de veces que acudo a ella cuando me encuentro en una situación sin salida.

De nada sirve dar mil y una vueltas a algo que no tiene solución. Que es difícil evitarlo, por supuesto, pero hay que dedicarle el menor tiempo posible.

Esta frase es la mejor manera para no quedarte anclada, porque te hace abrir los ojos y darte cuenta que por muchas vueltas que des no vas a llegar a ninguna parte.

Belén Diéguez Mora

Cada vez que la utilizo me ayuda un montón y desde ya te recomiendo que la integres en tu arsenal de recursos.

TE LO MERECES

Nos pasamos la vida juzgando nuestros defectos.

Posiblemente seas el tipo de persona que cree que todo el mundo se merece ser feliz y que tenga una vida plena.

Es muy probable que sufras cuando los demás pasan por malos momentos porque no entiendes cómo pueden estar padeciendo ciertas situaciones y desearías tener una varita mágica.

Sin embargo, probablemente también, contigo misma eres muy dura y te mides con otro rasero. Quizá, aunque no seas consciente, pienses que si no obtienes lo que quieres es porque no te lo mereces.

Pues aquí estoy yo una vez más para recordarte que te mereces todo lo que quieres y mucho más.

Que eres una persona muy especial y única en el mundo, que eres capaz de hacer muchas cosas que otros no pueden, que tienes una forma única de actuar, que eres perfecta tal y como eres, que no hay nadie en el mundo como tú. Si, tú. Eres única, especial, maravillosa.

Es muy importante que estés orgullosa de cómo eres, si te criticas continuamente vivirás con miedo.

Seguramente te estarás cuestionando cómo es posible sentirte orgullosa con la retahíla de defectos que te atribuyes. Cambia esa forma de pensar, considéralos como características de tu persona que quieres trabajar para mejorar o cambiar, pero piensa también que todos esos supuestos defectos hacen de ti una persona muy especial.

Valora el conjunto de tu personalidad, piensa cuáles son los defectos que realmente merece la pena corregir, si los hay, y sobre todo:

QUIÉRETE CADA DÍA UN POCO MÁS

Aunque a veces la vida no te dará lo que quieres, porque seguramente también necesitas recibir otras cosas, ten siempre en cuenta que:

TE MERECES TODO LO QUE QUIERES

Y ERES MUY ESPECIAL

Si alguna vez te sientes mal contigo misma, busca en lo más profundo de tu ser y recuerda que:

ERES ÚNICA Y MARAVILLOSA

LLÉNATE DE ILUSIONES

Una de las definiciones de ilusión es: "sentimiento de alegría y satisfacción que produce la realización o la esperanza de conseguir algo que se desea intensamente".

¿Conoces mejor manera que vivir cada momento con este sentimiento de estar continuamente con la esperanza de conseguir cosas?

Endulza tu vida con ilusión. En cada cosa que realices lleva contigo un saco como el de Papa Noel y llénalo cada día.

Un niño a cada momento está demostrando ilusión: todo es nuevo para él y así lo recibe, mira todo como algo que no ha visto nunca.

La mejor forma de tener una vida plena y completa es disfrutar de las cosas como si no las hubieras visto ni hecho nunca.

Las ilusiones mantienen vivo tu espíritu y te dan la energía que necesitas para sacar adelante todos los proyectos, tanto personales como profesionales.

Cualquier reto que te propongas lo puedes conseguir si vas cargado de mucha ilusión.

PUEDES ALIMENTAR TU ILUSIÓN CADA DÍA,

PORQUE ESTÁ EN TU INTERIOR

"El hombre tiene ilusiones como el pájaro alas. Eso es lo que lo sostiene", decía Blaise Pascal.

La ilusión resulta imprescindible, sobre todo cuando las cosas no van demasiado bien y la rutina se apodera de nosotros. Es entonces cuando se hace necesario recuperar esa "chispa" para disfrutar de las cosas.

Sin ilusión todo es complicado y se convierte en un lastre que debemos cargar.

Busca ilusiones y céntrate en ellas, desde planear un viaje en grupo a preparar una comida familiar. Cualquier cosa que haga que recargues las pilas y te sientas dispuesta a comerte el mundo. Cargada de ilusiones estarás mucho más optimista.

A veces la falta de ilusión es debida a conflictos no resueltos que terminan arrastrándonos.

Si valoramos cada pequeño momento, ordenamos nuestra vida, nos damos de vez en cuando un pequeño placer y realizamos trabajos y actividades que nos gusten, iremos llenando nuestro saco de ilusiones, que son los ingredientes que nos van a dar la energía para ir hacia nuestras metas, consiguiendo que nuestra vida sea más interesante.

"Lo que da esplendor a cuanto existe es la ilusión de encontrar algo a la vuelta de la esquina."

NO TE RINDAS NUNCA

Hay veces que la vida te pone a prueba, que parece que se ensaña contigo y que no se acuerda de nadie más. Te sientes como cabeza de turco y te preguntas por qué te pasan tantas cosas desagradables y todas juntas.

No te rindas nunca, no sabes si el próximo intento va a ser el que te lleve a conseguir tus objetivos.

Siempre haz un esfuerzo más, inténtalo una vez más, puede ser que si te retiras sea justo antes de conseguirlo. Ya sabes lo que se dice: "Lo difícil lo consigo, lo imposible tardo un poco más". Pues a por lo imposible si hace falta.

Tienes que buscarte tus propios trucos que te impulsen a seguir intentándolo una y otra vez. Desde luego como no lo vas a conseguir es tirando la toalla. Te dejo algunas reflexiones que te pueden servir:

- Seguro que lo mejor de tu vida está a punto de suceder.
- El problema no son las situaciones sino tu actitud hacia ellas.
- Imita la persistencia de los niños, cuando quieren algo no paran hasta conseguirlo.
- Si sigues luchando ten por seguro que llegarás a lo más alto.

Cuando estés a punto del abandono, sonríe, canta, ponte películas, música o cualquier cosa que te guste y levanta tu ánimo. Ahora ya tienes muchos recursos para hacerlo.

- Piensa qué haría en tu situación alguien a quien admiras.
- Estás a tiempo de alcanzar todo lo que te propongas.
- Comienza de nuevo una y otra vez.
- Hacer y deshacer todo es hacer.
- Cada vez que vayas a caer, piensa: "una vez más, una vez más".
- No tienes nada que perder y sí mucho que ganar.
- Toda oportunidad la puedes convertir en excepcional.
- Imagina que tienes la llave que abre la puerta de tus sueños.

Añade a la lista todas las cosas que se te ocurran y ponte manos a la obra. Utiliza toda tu energía en construir, no en destruir. Hay personas que hasta utilizan material de desecho para hacer verdaderas obras de arte. Por curiosidad echa un vistazo en internet a las fotos de la Catedral de Justo en Mejorada del Campo, una población de Madrid, o vete a verla; te resultará inspiradora.

Querida guerrera, utiliza tu propio material de desecho y construye la mejor catedral, la de tu sueño y logro personal.

HOY ELIJO SER FELIZ

Esta es la frase que utilizo al despertarme cada mañana, en cada momento de mi día a día, en mi estado de *whatsapp*, en todo lo que se me ocurre y en cada ocasión que se me presenta.

Es una frase muy potente, una frase de sólo cuatro palabras pero con una fuerza muy superior a muchas otras.

HOY: ni ayer ni mañana, hoy.

ELIJO: Puedes elegir estar alegre o triste, enfadado o contento, tú eliges si te enfocas en lo bueno y en lo que tienes o si te enfocas en lo que te falta o no te gusta. Puedes elegir a la carta y trabajarlo. Puedes elegir hacerlo en cualquier momento y en cualquier lugar. Son los pensamientos los que te hacen ser feliz o no, los pensamientos son algo que puedes controlar. Tú eliges, tú escoges, tú seleccionas lo que es mejor para ti. Hoy elijo ser feliz pase lo que pase, al margen de mis circunstancias. Y, además, lo elijo hoy, ni mañana ni pasado, HOY.

SER FELIZ: ¿Qué es ser feliz?, ¿qué necesitas para estar feliz?

Lo primero es tener claro que debes estar feliz contigo misma y con tu vida, no dejar que tu felicidad dependa de nada ni de nadie. Este estado hay que trabajarlo todos los días y relacionarlo a una meta. Como decía alguien muy conocido, optimista y divertido:

> "La primera obligación de todo ser humano es ser feliz, la segunda es hacer feliz a los demás."
>
> CANTINFLAS

Muy buena recomendación: te dedicas a ser feliz y a hacer feliz a los demás.

Desde luego, el significado de esta frase para mí es muy amplio y ha conseguido que mi bienestar emocional dure gran parte del día. Es una frase que me acompaña en mis rutinas desde hace tiempo.

¿Cómo aplicas esto? *Querida guerrera*, con todos los recursos que hemos estado trabajando:

Cuando tengo un contratiempo que puede trastocar mi día, ME OCUPO Y NO ME PREOCUPO.

Para mí preocuparse es ocuparse de las cosas antes de que ocurran. Ocuparse realmente es prevenir que ocurra lo que no queremos que ocurra y, si sucede, buscar la mejor solución.

A partir de ahí, LO QUE NO PUEDO CAMBIAR LO DEJO ESTAR y me dedico a saborear todas las cosas buenas diarias que me tiene preparada la vida.

Más ideas y más concretas para tu puesta en práctica:

Si veo que el día amenaza con cosas poco agradables…

- Me enfoco en todo lo que tengo, trabajando el agradecimiento.
- Me rodeo de personas alegres, positivas, divertidas y con entusiasmo.
- Leo, escucho, veo películas que me hacen sentir bien.
- Me miro en el espejo y me río de mí y de las cosas.

"En cada momento pues reinventarte y elegir en quien te quieres convertir."

ARTURO ORANTES

"Las mejores cosas de la vida no son cosas."

ANÓNIMO

LA CLAVE ESTÁ EN TI

EMPEZAR DE NUEVO

Hay momentos en la vida en que es necesario empezar de nuevo, ya sea porque has pasado una situación difícil, porque necesitas reinventarte o porque quieres hacer las cosas de otra manera e incluso hacer las cosas completamente diferentes.

Para empezar de nuevo es imprescindible incorporar los pensamientos positivos a tu vida.

Si has pasado por una mala situación convierte esa experiencia en un aprendizaje para que te sirva de impulso.

Afortunadamente nada es eterno ni siquiera los momentos difíciles. Tenemos que tomarnos la vida como una escuela donde aprender, crecer y enriquecernos como personas a partir de cada situación que vivimos.

Siempre puedes empezar de nuevo aunque pienses que no tienes fuerza y te falte el entusiasmo. Poco a poco lo vas a recuperar, lo importantes es levantarte para continuar, porque si tienes claro el objetivo, paso a paso lo lograrás.

Si quieres empezar de nuevo después de atravesar una mala situación es importante perdonar y dejar atrás el pasado, libérate de esa pesada carga. Tu nueva vida comienza sintiéndote más ligera.

Todas las situaciones difíciles requieren vivir un cierto duelo. Por muy fuerte que seas, esta etapa tienes que pasarla: llora si lo necesitas, refúgiate en las personas que están dispuestas a tenderte su mano, lee, medita, escucha música o cualquier cosa que te reconforte y te haga sentir mejor. Procura que estos momentos de duelo duren cada vez menos y se espacien más en el tiempo. Prueba a cambiar tus pensamientos con todos los recursos que hemos trabajado hasta ahora.

Otra forma de recuperar la serenidad es ir al lugar donde te sientes protegida y en paz.

No te dejes vencer por el miedo, siempre hay que aprender a caer, levantarte y crecer.

Trabaja cada día tu mente con las técnicas que más te ayuden o encajen más contigo, de tal manera que, como leí recientemente: "Seas tan feliz que no sepas si vives o sueñas".

Cada día es una nueva oportunidad para empezar de nuevo: puedes cantar, bailar, reír, escribir, pintar…, lo que tu necesites para volver a ser feliz. Retoma actividades o hobbies que tenías aparcados.

Ponte a pensar en los momentos más felices de tu vida, en qué estarías haciendo si no tuvieras miedo a fracasar: ¿con quién estarías?, ¿dónde?

Si haces estas reflexiones empezar de nuevo será mucho más fácil.

EMPIEZA DE NUEVO, EMPIEZA HOY

Y CREA UN NUEVO FINAL

TE DARÁS CUENTA QUE LA SONRISA

DOMINA TU VIDA DE NUEVO

EL VERDADERO VALOR DE LAS COSAS

Hace un tiempo me pidió que fuera a verlo alguien muy apreciado por mí. Es el tipo de persona que valoro, admiro y con la que quiero compartir el resto de mis días. A pesar de su posición, estatus y su gran inteligencia para salir de las peores situaciones, para mí lo más grande son sus valores y su gran corazón.

Para preservar la identidad de los dos protagonistas les llamaremos a él Ricardo y a su padre Valentín.

Cuando Ricardo me llamó no dudé ni un instante en acudir a su encuentro.

Hacía unos meses que había fallecido su padre, Valentín, al que yo adoraba y por cuya ausencia he llorado en más de una ocasión.

Pasado un tiempo prudencial de la muerte de Valentín, le había pedido a Ricardo que por favor me consiguiera algún recuerdo de su padre que tuviera valor sentimental, a ser posible relacionado con el mundo de la escritura, puesto que era una pasión que compartíamos.

Cuando finalmente me encontré con Ricardo lo último que me esperaba era que iba a recibir lo que le había solicitado. Cuando lo sostuve en mis manos no pude reprimir las lágrimas y me quedé sin saber qué decir ni qué hacer.

Cualquiera que recibiera un portalápices con unas frases de periódico en sus laterales pensaría que es una tontería sin valor.

Para mí, el significado es muy diferente: ese portalápices que ahora sostenía significaba su compañía y protección, el honor de tener algo suyo que siempre estuvo a su lado en su despacho y ahora iba a estar en el mío. Se trataba del objeto que había contenido los lápices con los que Valentín redactaba unos textos tan sencillos y especiales que parecían fluir como el agua.

En aquel momento me pasaron por la mente un montón de imágenes. Mis lápices y bolígrafos habitarían ahora ese objeto y confiaba y deseaba que la energía de Valentín me llegara para poder transmitir las cosas como lo hacía él. El valor es que ese simple objeto iba a ser mi compañero de vida y la fuente de mi inspiración, porque no es un portalápices cualquiera, es el portalápices de Valentín, de mi Valentín del alma. De esta manera siempre vamos a estar juntos en los momentos de escritura, que eran tan especiales para los dos.

Todavía hoy me parece revivir sus abrazos y sus muestras de cariño, dado con un amor del que sólo él era capaz y me digo: "Valentín, has sido, eres y serás muy especial para mí, sé que siempre estarás presente en mi vida, con tus libros, artículos y con este portalápices donde tengo el honor de poner mis herramientas para expresarme".

Hasta mi niño de seis años, que tiene grabado verme llorar por Valentín, le ha regañado a veces: "Muy mal, muy mal, porque has dejado sola a mi mamá".

Valentín, te quiero donde quiera que estés y aunque te echo muchísimo de menos, siempre estarás conmigo de alguna manera. Eres muy especial, un corazón que nunca lo ha habido ni lo habrá.

Resuenan en mi cabeza muchas veces esas risas que nos echábamos juntos, esa carcajada sonora que te producían mis ocurrencias combinadas con tu sabiduría. Esa complicidad que resume lo que tú me decías: "Cosita, hace mucho que no hablamos, pero nos queremos con los ojos."

Pues eso, yo te quiero con los ojos y con todo mi ser.

Espero que esta pequeña historia personal, tan importante para mí, os ilustre sobre el verdadero valor de las cosas, pero antes de terminar quiero compartir también la nota que Ricardo había escrito para acompañar al portalápices de su padre.

"Querida Belén:

En este portalápices reposa la tinta de muchos de los artículos que Valentín escribió a lo largo de su última etapa.

Es un recuerdo marcado en la retina de todos los que entrabamos en su despacho. En él pegaba y despegaba frases conocidas que por alguna razón dejaban un mensaje a cualquiera que las leyéramos. Que yo recuerde, una era fija:

La rutina transforma a los vendedores en burócratas, mientras la venta es una lucha que cada día debe renovarse. (V. Roselli)

Belén, sigue escribiendo y observa lo que está a tu alrededor, más tarde, cuando quieras escribirlo, mira este portalápices y recuerda lo mucho que te quería Valentín. Estoy seguro que de esta forma encontrarás la inspiración que buscas y además tendrás cerca a alguien que te admiraba y te animaba a seguir avanzando.

Madrid, 25 de Julio de 2014

Ricardo"

Belén Diéguez Mora

Ahora todavía más, *querida guerrera*, creo que esta historia que tanto me emociona cobra sentido para ti y por eso he decidido incluirla en este libro.

Se lo que estás pensando y sí: Mis lápices y bolígrafos reposan, por supuesto, en el mismo lugar, en SU PORTALAPICES.

Querida guerrera, quiero finalmente dejarte con esta frase que me mueve y me conmueve y me hace sentir completamente rica.

"No serás rico hasta que no tengas algo que el dinero no pueda comprar."

Anónimo

QUERIDA GUERRERA

YA ERES PODEROSA

APROVECHA TU FUERZA INTERIOR

DISEÑA TU PLANIFICADOR

Querida guerrera, planificar es vital en tu nueva vida. Diseña un planificador con el que te encuentres cómoda y que te permita apuntar todo lo que necesitas para pasar a la ACCIÓN URGENTE hacia tus logros.

Te dejo estas líneas para que anotes lo que consideres que debe incluir ese planificador y en la página siguiente otro espacio en blanco para que lo diseñes a conciencia.

_____

_____

_____

_____

_____

_____

_____

_____

NOTAS

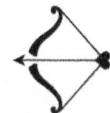

¿Y AHORA QUÉ?

Querida guerrera, ahora sí que tienes lo que necesitas para desatar todo tu poder.

Hemos visto un montón de recursos, herramientas y técnicas a lo largo de esta trilogía *Secretos de una guerrera* para darle la vuelta a tu situación.

Si has aplicado todo lo aprendido hasta el momento estarás disfrutando de todos los beneficios de tu poder como *guerrera*.

Este último libro está dedicado a la fuente principal que es el poder de tu mente para lograr todo lo que te propongas en tu vida.

ACABAS DE DESCUBRIR

EL POTENCIAL QUE TIENES PARA CREAR TU MUNDO

Ya sabes lo que tienes que hacer para utilizar en tu favor todos los obstáculos y dificultades.

Quiero recalcar que, por mucho que aprendas los conceptos y prácticas que hemos ido viendo a lo largo de estos libros, por bien que los apliques, necesitas una cosa más, que es imprescindible.

CREER QUE TE LO MERECES Y QUE LO PUEDES LOGRAR

A estas alturas seguro que lo tienes claro porque ya habrás realizado tu gran TRANSFORMACIÓN.

Querida *guerrera*, esto último es vital. Muchas veces yo misma he puesto en práctica todo lo que hemos ido viendo en esta trilogía sin ningún resultado a destacar. No entendía cómo había en el mundo muchas personas que conseguían lo que se proponían y yo, por más que me esforzaba, no era capaz.

Trabajaba sobre esta idea:

CREE EN TI

TE MERECES TODO LO MEJOR DEL MUNDO

La clave principal es:

TU AUTOESTIMA

Trabaja en:

EL PODER DE TUS PENSAMIENTOS

Y EN TU PODER INTERIOR

Tienes una vida maravillosa para disfrutar y experimentar.

¿Te imaginas, ya poderosa, haciendo lo que te gusta hacer?

¿Te imaginas viviendo la vida que quieres?

Y, finalmente, ¿te imaginas tener recursos para ayudar a las demás?

> "**El cambio es una puerta que sólo puede abrirse desde dentro.**"
>
> Terry Neill

¿Has decidido dejar de jugar al escondite con tu situación?

¿Estás dispuesta a quemar tus naves de verdad?

Te mereces vivir la vida que quieres y mucho más.

No hace falta que me CREAS es mejor que lo COMPRUEBES por ti misma.

Tienes que tener paciencia, porque el camino no es fácil, pero el premio es espectacular.

Estoy entusiasmada esperando que me cuentes tu crecimiento personal y tus éxitos.

Mi email ya lo conoces:

guerreradecorazon@belendieguez.com

También me puedes localizar en las redes sociales:

Instagram: @belendieguezmora

Facebook: belendieguezoficial

Youtube: Belen Dieguez Mora

MILLONES DE GRACIAS por haber confiado en mí y realmente sólo te digo HASTA PRONTO.

Hemos visto un montón de materiales juntas que contienen ideas, herramientas, recursos, técnicas, que contienen lo mejor de mí. Trabájalos y convierte estos libros en tus libros de consulta y cabecera.

Me encantaría saber tu opinión; me ayudará a mejorar. También sería maravilloso tu testimonio para ayudar a otras mujeres.

Siéntete libre y ¡RECOMIENDA ESTE LIBRO! en todas tus redes sociales y en tu entorno. Quizá alguien lo esté necesitando.

Por último, me encantaría verte en mis eventos y ponerte cara después de tanto tiempo juntas.

TE DESEO UNA GRAN TRANSFORMACIÓN

TE AMO

Belén

CÍRCULO GUERRERA DE CORAZÓN

¿Sabes que por el simple hecho de comprar este libro ya estás ayudando a otras mujeres a tener una vida mejor?

Quiero contribuir a que esto sea posible, a que las personas y en especial las mujeres hagan frente a sus desafíos y los superen, que puedan hacer realidad sus sueños. Desde que has comprado y leído este libro estás colaborando a eso, porque, además, parte de lo recaudado con sus ventas voy a destinarlo precisamente a ayudar a esas mujeres. Tengo el firme propósito de crear una Fundación, pero mientras esto llega desde luego no voy a quedarme cruzada de brazos.

¿Qué significa ser GUERRERA DE CORAZÓN? Significa que ya has decidido firmemente tomar las riendas de tu vida. Significa que vas a hacer que las cosas pasen y no te vas a dejar vencer por las dificultades, todo lo contrario, te vas a crecer ante ellas.

Cuando tomas esta decisión ya no hay vuelta atrás, tienes tu pasión, toda la energía y la fuerza necesaria para ir a por todas. Ese potencial infinito que nace de tu interior.

Si te resulta difícil encontrar tu pasión y quieres ir más allá de mis libros, podemos tener una sesión privada y juntas la encontraremos. Lo más importante es que hayas roto el cascarón y tengas claro que esta vez vas a por todas.

Si, por el contrario, ya has dado con tu pasión, ya sabes a qué dedicarte con todas tus ganas, compártela con el mundo. Una historia puede ser de mucha ayuda. Tu historia puede ser lo que otras mujeres necesitan escuchar para dar el gran salto.

Una GUERRERA DE CORAZÓN sabe que es responsable de su vida, ha empezado o quiere empezar a crear la vida que siempre ha soñado.

Únete al

CÍRCULO GUERRERAS DE CORAZÓN

necesitas muy poco.

* Haber leído mi libro *Secretos de una guerrera*. De esta manera seremos mujeres en la misma vibración. En caso necesario puedes conseguirlo en mi web, en el apartado Libros.

* Enviarme una foto con el libro entre tus manos en tu lugar favorito a guerreradecorazon@belendieguez.com

Pon en el asunto "Foto guerrera de corazón" con tu nombre y apellidos y aprovecha y cuéntame de qué manera te ha servido mi libro.

* También puedes escribirme y contarme tu historia sin más en un texto, un audio o un vídeo y darme permiso para compartirla en las redes sociales. Importante que hagas un esfuerzo de síntesis y que, cuando me la hagas llegar, el asunto sea "historia personal, mi pasión o superación", para que sea más fácil de identificar. Ya sabes el correo que puedes usar.

Con tu ejemplo otras guerreras van a poder aprender de tu experiencia. Con todo esto crearemos el círculo GUERRERA DE CORAZÓN y conseguirás rodearte de mujeres que tienen un interés común. Con ellas puedes quedar para leer juntas, compartir aprendizajes y experiencias y, sobre todo, que os sirva para impulsaros unas a otras.

Gracias GUERRERA DE CORAZÓN por estar en mi vida y por ser ejemplo para otras muchas mujeres.

¡Estoy deseando conocerte!

TE AMO

LAIN, LA VOZ DE TU ALMA

Querida guerrera, aunque estoy convencida de que ya lo conoces porque, además de que me he referido a él en mis dos libros anteriores, cada día le conocen más personas como líder en el ámbito del crecimiento personal, no puedo terminar mi libro sin volver a hablarte de Lain y su bestseller *La voz de tu alma.*

Lain es de las mayores bendiciones de mi vida, apareció en el momento oportuno y lo más grande es que gracias a él he conseguido el sueño que llevaba persiguiendo toda mi vida.

Doy gracias continuamente a la vida y al Universo por haberlo puesto en mi camino.

La voz de tu alma bendice a quien lo lee.

Si quieres conseguirlo, lo más sencillo es entrar en:

www.laingarciacalvo.com

ORACIÓN DE LA GUERRERA DE CORAZÓN

ERES ÚNICA

A partir de este momento te vas a hablar todos los días para convertirte en la persona que has venido a ser. Repite esto varias veces al día.

Soy Guerrera de Corazón.

Consigo todo lo que me propongo.

Mis obstáculos son lanzaderas hacia mis sueños.

Me voy a dar el mejor trato del mundo.

Todo el mundo me trata como me merezco.

Toda mi energía la voy a invertir para trabajar en mi interior.

Voy a ser mi mejor yo.

Atraeré a mi lado a las personas que quiero tener.

Nunca, nunca voy a permitir que me hagan sentir inferior.

Soy capaz de conseguir todos mis propósitos.

Porque yo SOY UNA GUERRERA DE CORAZÓN.

Consigue la trilogía *Secretos de una guerrera* y aprende las claves para amar sin perder tu independencia, renacer y descubrir que el poder de una guerrera no está en sus músculos, está en la fortaleza de su mente.

PREFACIO

Querida guerrera, lo primero de todo y antes de empezar.

ENHORABUENA POR TOMAR LA DECISIÓN DE SACAR LA GUERRERA QUE LLEVAS DENTRO

Desde pequeña siempre he querido dedicarme a algo que fuera mi pasión y que al mismo tiempo sirviera de herramienta para ayudar a los demás. HOY lo tengo y lo voy a poner a tu disposición.

Por muchos años he sufrido mucho y me he compadecido de mí, de mis desgracias, afortunadamente decidí salir de esta situación gracias a todo lo que voy a contarte en mis tres libros.

Estos SECRETOS que hoy grito al mundo a modo de susurros en mis páginas y EVENTOS te darán PODEROSAS HERRAMIENTAS para superar relaciones dañinas, obsesión amorosa y otros OBSTÁCULOS.

Gracias a todos los desafíos que he pasado me he convertido en la guerrera que soy y estoy preparada y feliz de poder ayudarte.

Nunca me podía imaginar que todo lo vivido me iba a proporcionar estos maravillosos momentos contigo.

¿Estás lista?

1º - Déjame susurrarte al oído lo que toda GUERRERA debe conocer.

¿Te imaginas cómo sería tu vida siendo una VERDADERA GUERRERA?

UNA GUERRERA tiene una excelente relación de pareja.

UNA GUERRERA tiene una autoestima de ACERO.

UNA GUERRERA se conoce bien a sí misma, se entiende y se supera.

UNA GUERRERA no tiene sentimientos de CULPA, tiene la capacidad de asumir sus responsabilidades.

Tengo una misión y es dejar un mundo LLENO de GUERRERAS, déjame contarte mis SECRETOS y prepárate a VENCER cualquier desafío que intente detenerte.

2º - RENACER, es VOLVER a empezar, y solo UNA GUERRERA como TU, tiene el poder para lograrlo.

UNA GUERRERA en el camino puede enfrentar "BATALLAS" en las que es posible perder algunas cosas pero JAMÁS perderá SUS VALORES.

Por eso el RENACER de una GUERRERA te mostrará el valor que tiene LEVANTARTE cuando la mayoría decide DESISTIR o dejarlo todo creyendo que es su DESTINO.

Una VERDADERA GUERRERA domina sus EMOCIONES y las utiliza para hacerse MÁS FUERTE y más SABIA.

Deseo que TÚ mi amada GUERRERA agudices tu VISIÓN y tu INSTINTO hasta conseguir lo que verdaderamente te APASIONA.

Tengo que contarte CÓMO una GUERRERA puede RENACER, volver a CREER y a comenzar de nuevo a CREAR.

¿Estás preparada?

3º - Primero te di mis SECRETOS, luego te VI RENACER, ahora te mostraré todo el PODER que TIENES dentro de TI.

El PODER de una GUERRERA no está en sus músculos, Está en la fortaleza de su mente y en la calidad de sus pensamientos.

Quiero enseñarte a PENSAR como GUERRERA.

Deseo darte HERRAMIENTAS para que sigas AVANZANDO a un siguiente NIVEL derribando cualquier desafío.

Voy a mostrarte como MULTIPLICAR tu FUERZA INTERIOR convirtiéndote en una GUERRERA INVENCIBLE y PODEROSA.

Cuando una GUERRERA aprenda LOS SECRETOS, RENACERÄ y su PODER será ILIMITADO.

GUERRERA, prepárate a ver al mundo ABRIR paso a tus más anhelados deseos.

TE AMO.

Belén

www.ingramcontent.com/pod-product-compliance
Lightning Source LLC
Chambersburg PA
CBHW032250150426
43195CB00008BA/392